基于快速反应的B2C电商物流系统优化研究

邹 霞 著

中国财经出版传媒集团
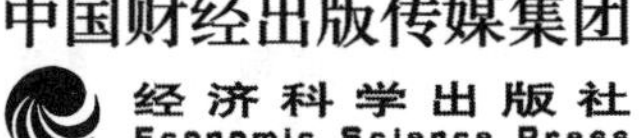

图书在版编目（CIP）数据

基于快速反应的 B2C 电商物流系统优化研究/邹霞著.
—北京：经济科学出版社，2020.6
ISBN 978-7-5218-1603-7

Ⅰ.①基… Ⅱ.①邹… Ⅲ.①电子商务-物流管理-系统优化-研究 Ⅳ.①F713.365.1

中国版本图书馆 CIP 数据核字（2020）第 089051 号

责任编辑：于海汛 冯 蓉
责任校对：刘 昕
责任印制：李 鹏

基于快速反应的 B2C 电商物流系统优化研究
邹 霞 著
经济科学出版社出版、发行 新华书店经销
社址：北京市海淀区阜成路甲 28 号 邮编：100142
总编部电话：010-88191217 发行部电话：010-88191522
网址：www.esp.com.cn
电子邮件：esp@esp.com.cn
天猫网店：经济科学出版社旗舰店
网址：http://jjkxcbs.tmall.com
北京季蜂印刷有限公司印装
710×1000 16 开 13.75 印张 230000 字
2020 年 12 月第 1 版 2020 年 12 月第 1 次印刷
ISBN 978-7-5218-1603-7 定价：48.00 元
（图书出现印装问题，本社负责调换。电话：010-88191510）

目录

contents

第一章

引　言

电商的蓬勃发展，带来了电商物流的快速增长。在 B2C 电子商务领域，由于其注重客户体验，因此提供保障的物流服务就显得重要了，但是现实情况是，消费者对于网络购物的体验褒贬不一，特别是在物流服务这一环节存在很多问题。B2C 电商物流的痛点到底在哪几个环节，值得去追踪，去研究。

一方面，科技的创新与发展，带动商业模式在不断变化。以物流领域为例，近年来新的物流技术不断出现，AGV、无人机、密集式存储等在物流搬运、配送、存储等环节开始投入使用；另一方面，物流商业环境也发生了变化，传统物流企业主要满足企业物流运输和仓储等需求，而近年来随着电商等业务的快速发展，订单拣选业务比重逐渐上升。拣选作业作为配送中心的核心业务之一，比仓储和配送环节需要人力更多（人工拣选系统）或者资金投入更大（全自动拣选系统），也是配送中心所有作业中成本最高的作业。因此物流技术发展、物流需求模式的变化，让 B2C 电商物流的改变势在必行。这是本书研究的出发点。

客户需求和科技创新的碰撞，让 B2C 电商物流朝着自动化、快速化和智能化发展。本书主要分为两大部分，第二章 ~ 第四章主要通过问卷调查、数据分析等，查找 B2C 电商物流的核心痛点；第五章重点分析其作业流程；第六章 ~ 第八章，从 B2C 电商物流业务需求和客户满意度出发，提出了对 B2C 电商物流的关键环节——订单拣选环节的改善方法和策略。

希望本书中研究的优化方法和改善意见，能为物流行业提供借鉴；由于研究视角的不同以及能力限制，本书还有很多不足，望大家批评指正。

第二章

B2C 电商物流概述

第一节　时代背景

一、B2C 电子商务发展迅速，物流业务量迅速增长

中国近 20 年的 B2C 电子商务发展迅速，进入了快速发展时期，同时给物流业提供了良好的发展机会。在 CNNIC《第 39 次中国互联网络发展状况统计报告》中可看出，截至 2016 年末，统计的我国网民的数量已有 7.31 亿人，并且网购使用率已经达到 67.5%。据中国电子商务研究中心（100EC.CN）监测数据显示，2016 年中国网络零售交易额达到 5.16 万亿元（人民币，下同），同比增长 26.2%，是同期中国社会消费品零售增速的两倍有余。其中，实物商品网络销售交易额近 4.2 万亿元，占同期社会消费品零售总额逾 1/8，相比 2015 年同期提高了近 2 个百分点。从以上数据可以看出越来越多的消费者选择电子商务作为商品交易模式。电子商务作为一种新型商业模式正在渗透到人们生活的方方面面，电子商务的兴起也成为社会的必然趋势。B2C 电子商务的快速发展带动了 B2C 电商物流的发展。

2018 年中国电子商务交易规模继续扩大并保持高速增长态势，如图 2－1 所示，全年实现电子商务交易额 31.63 万亿元，同比增长 8.5%；网上零售额 9.01 万亿元，同比增长 23.9%；跨境电商进出口商品总额 1347 亿元，同比增长 50%；农村电子商务交易额 1.37 万亿元，同比增长 30.4%；全国快递服务企业业务量累计达到 507.1 亿件，同比增长

26.6%；电子商务从业人员达4700万人，同比增长10.6%。[①] 总体看，电子商务引发的物流仓储和配送需求呈现高速增长态势。

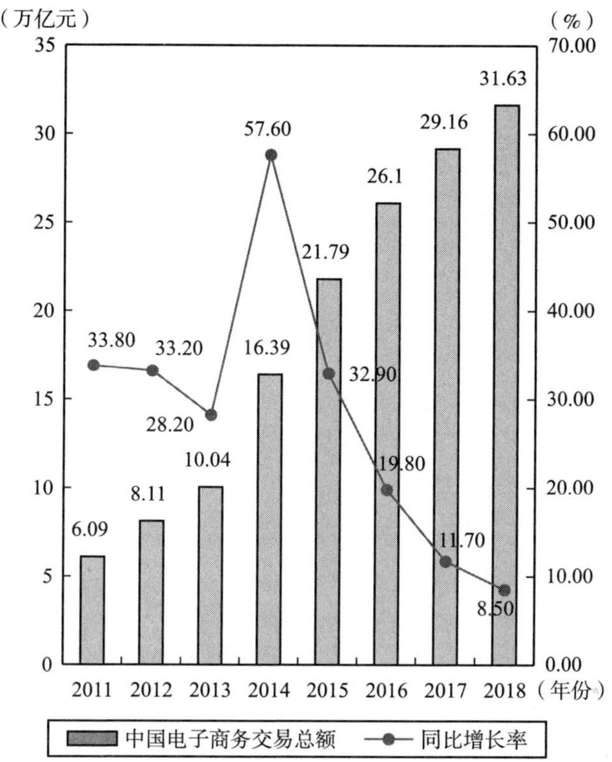

图2－1　2011～2018年中国电子商务交易总额及增长率走势

资料来源：商务部《中国电子商务报告（2018）》《中国电子商务报告（2017）》《中国电子商务报告（2016）》《中国电子商务报告（2015）》《中国电子商务报告（2014）》《中国电子商务报告（2013）》《中国电子商务报告（2012）》《中国电子商务报告（2011）》。

二、客户重视物流体验，物流业务质量需要提升

在B2C电子商务线上成交量不断攀升的情况下，对B2C电子商务提供保障的物流服务就越显得重要了，但是现实情况是，消费者对于网络购物的体验褒贬不一，特别是在物流服务这一环节存在很多问题。传统的物

① 资料来源：中华人民共和国商务部．中国电子商务报告2018［DE/CL］．2019－05－29．http：//dzsws. mofcom. gov. cn/article/ztxx/ndbg/201905/20190502868244. shtml.

流模式无法跟上快速发展的B2C电子商务，很多消费者对网购的物流服务满意度不高，货物配送时间长、货物破损率高、退换货服务得不到保障、先签字才能验货、服务态度恶劣等物流问题成为阻碍电子商务发展的重要原因。单一的B2C电商物流模式已经不能满足大多数企业的发展了，因此越来越多的B2C电商企业开始改变原有的物流模式或者选择其他的物流模式。

在目前的发展环境下，电子商务订单每日处理量庞大，同时想向小批量、高频率方向发展，增加了订单拣选的难度。同时，物流配送的模式也随着电子商务的发展得到不断的扩展，现代物流与电子商务融合，产生了一种全新的物流配送模式——B2C电商物流配送模式。B2C电商物流配送水平的高低是顾客评价电子商务满意程度的重要指标，它将直接影响电子商务企业的市场竞争力。

在电商企业越来越重视物流的服务质量的时代背景下，为了提高客户满意度，电商企业不断提升物流反应速度，提高作业的准确性和服务可靠性。为了达到目标，电商物流必须不断优化作业瓶颈，提高作业效率。然而，随着商品品项的增加，电商订单量的快速增长，订单拣选的时间逐渐增加，成了大部分物流中心的瓶颈环节。和其他电商物流企业相比，B2C电商物流需要面对商品品项数量大，订单数量多且小、订单波动性大、要求反应速度快、拆零拣选多、退货量大等物流特点，被要求提供快速配送、可靠服务、物流追踪、质量控制等物流服务，这些都增加了订单拣选系统的难度。例如目前，大部分B2C电商物流的品项都在1万以上，部分企业达到了10万甚至100万之多。存储面积的增大，带来了订单拣选行走里程变长，拣选速度下降，准确性降低等系列问题。选择恰当合理的订单拣选作业系统，提升订单拣选效率和作业准确性，对于B2C电商物流中心来说，意义重大。

三、物流科技快速发展，物流系统需要升级

科技的创新与发展，带动商业模式在不断变化。以物流领域为例，一方面，近年来新的物流技术不断出现，AGV，无人机，密集式存储等在物流搬运、配送、存储等环节开始投入使用；另一方面，物流商业环境也发生了变化，传统物流企业主要满足企业物流运输和仓储等需求，而近年来随着电商等业务的快速发展，订单拣选业务比重逐渐上升。拣选作业作为

配送中心的核心业务之一，比仓储和配送环节需要人力更多（人工拣选系统）或者资金投入更大（全自动拣选系统），也是配送中心所有作业中成本最高的作业。

随着技术进步和设备更新，订单拣选实现了从人工拣选到半自动拣选再到全自动订单拣选的转变，拣选效率不断提升，投资成本和运营成本结构也都有所不同。订单拣选系统的科学规划和选型，直接影响配送中心的作业效率、作业质量和作业成本。与配送中心内的仓储环节、收发货环节和包装环节等的设备规划设计相比，拣选系统的合理选型和规划，意义重大。

订单自动拣选系统的发展也是在自动存取系统（Automated Storage and Retrieval System，AS/RS）的基础上转变而成。自动存取系统（AS/RS）是从 20 世纪 50 年代发展的一种新型存储方式，通过计算机来控制和调度自动化设备，实现货物的自动入库和出库。由于其单位面积储存量大、出入库作业效率高、作业可靠性强以及人工成本低等特点，AS/RS 发展很快。AS/RS 主要由物理存储结构（立体货架）、单元化器具（托盘或者货箱）、存取货格的堆垛机、辅助输送系统和控制系统组成。随着堆垛机的升级和功能细分，拣选型堆垛机也能够在自动化立体仓库中实现货物拣选功能。

21 世纪初，一种新型的自动存取系统出现，该系统与传统的 AS/RS 系统的区别是由自动小车来代替堆垛机，因此称为自动小车存取系统（Autonomous Vehicle Storage and Retrieval System，AVS/RS）。AVS/RS 系统利用轨道引导小车（Rail-guided Vehicles，RGV）结合升降系统，实现货物的按订单自动存取。

从目前国内外自动存取设备来看，一方面，订单存取及拣选系统的供应商较多，产品的设计理念、结构等相差较大，如何选择合理、高效的适用性物流系统，成了很多配送中心在规划时的难题。另一方面，供应商的规划能力、设计水平不尽相同，甚至部分物流系统集成商不能根据客户需求提供高质量低成本的解决方案，导致用户在系统上马后再进行改造升级①。

综上所述，拣选系统在电商物流作业中具有举足轻重的地位。自动订单拣选系统和其他设备相比，具有一次性投资大的特征，企业在决策物流系统前需要科学合理规划，减少运营资源的投入，提高作业效率和服务质

① 孙欣妍. 浅析我国电商物流发展 [J]. 物流交通，2016 (27)：257 - 258.

量，达到系统最大产出投入比。

尽管目前物流设备应用越来越多，企业对拣选系统的选择越来越重视，但国内外研究电商订单自动拣选系统的学者和文献并不多。根据国内外相关文献的搜集和阅读，发现物流领域的专家很多都关注制造企业物流系统、大型港口码头以及传统的流通业领域（邮局）的物流设备的选型研究，对电商订单自动拣选系统的研究很少，主要是因为物流技术的发展时间相对较短，而电商订单的拣选业务只是近几年来发展起来的。本书将主要研究 B2C 企业的订单自动拣选系统的优化问题，包括如何进行设备选型，如何对储位策略及订单分批策略等进行优化，并选择一种最佳的拣选系统方案。该课题研究角度新颖，不仅填补 B2C 电商订单自动拣选系统选型及策略优化方面的理论空白，还可为电商物流企业及物流系统规划人员提供相关理论指导，具有重要的实践意义。

第二节　B2C 电子商务物流概述

一、B2C 电商物流定义

（一）B2C 电商物流

B2C（business-to-customer）即企业对消费者，企业运用现代信息技术和网络技术，依靠开放式的 Internet 网络进行的商务活动，为消费者提供在线商品购买和支付，并将消费者购买的商品交付到消费者手中。其中 B2C 电商物流就是企业利用自身资源或外部资源为消费者提供货物运输和配送的服务，保证将商品交付到消费者的手中。

（二）B2C 电商物流与传统物流

传统物流是指产品完成生产之后的包装、装车、运输、卸货等一系列过程，在这个过程中，缺乏信息的共享，造成各环节之间缺乏配合沟通，因此造成了经济成本和效率的极大浪费。B2C 电商物流基于互联网技术，实现四流合一，即商流、物流、信息流、资金流的深度融合，不仅实现了物流过程的透明化，也实现了资源的最大化利用。传统物流主要针对固定的商户，需求稳定，波动较小，一般采用集中运输的方式，卖方和买方几乎没有交流，容易造成库存的积压。B2C 电商物流需要面对商品品项数量大，订单数量多且小、订单波动性大、要求反应速度快、拆零拣选多、退货量大等物流特点。

二、B2C 电商物流配送业务模式

（一）电子商务网站自营物流配送体系模式

自营模式指由 B2C 电商企业自己筹资组建自有的物流中心并配备物流配送队伍，来负责整个企业的线上订单的物流运输与配送，没有第三者的参与。

（二）利用第三方物流配送模式

第三方物流就是物流服务的需求方和物流服务的提供方之外的第三方来提供物流服务的一种物流运作模式。也就是说，B2C 电商企业将企业的运输配送业务外包给对物流服务更加专业的第三方物流公司，由第三方物流公司来完成 B2C 电商企业的订单的运输和配送，将物流业务外包出去之后，B2C 电商企业可以把更多的精力放在自己的核心业务上提高自身竞争力。

（三）物流联盟模式

物流联盟是以物流为合作基础的企业战略联盟，它是指两个或两个以上的企业，通过各种协议，形成风险共担、利益共享、优势互补的松散型网络组织，从而实现物流战略目标，其最终目的是实现“双赢”。

三、我国 B2C 电商物流发展现状

近年，我国电商业发展势头迅猛，使得电商物流企业主体发展多元化，经营模式创新性提高，服务能力得到了极大改善，电商物流企业不仅成为推动国民经济发展的新动力，而且也成为现代物流业组成的必要组成部分。

（一）发展规模迅速扩大

在2013年，中国的物流市场规模第一次超越美国，成为世界第一。在2017年，我国社会物流总额为252.8万亿元（见图2－2），铁路货运量为36.89亿吨，公路货运量为368.69亿吨，水路货运量为66.78亿吨，民航货运量为705.80万吨。我国货物有26962.2亿吨千米通过铁路中转，有66771.5亿吨千米通过公路中转，有98611.3亿吨千米通过水路中转，有243.5亿吨千米通过民航中转。港口吞吐货物126.72亿吨，吞吐集装箱2.38亿TEU（标箱），快递公司运输400.6亿件，每日快递量达到10974万件。快递量、铁路货物发送量、公路货运量、港口吞吐量、铁路货物周转量、集装箱吞吐量、位于全球第一，民航货运量位于全球第二。

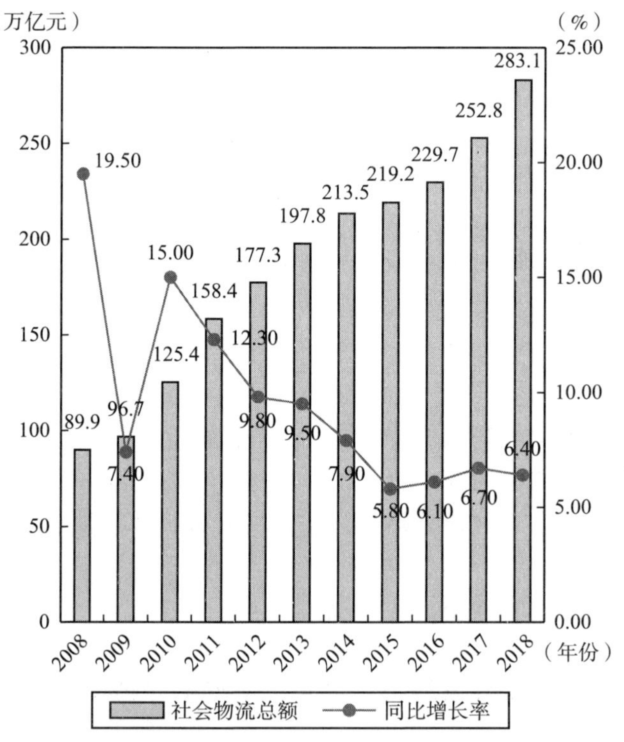

图2－2　2008～2018年中国社会总额及增长率走势

资料来源：中国物流与采购联合会.2018年全国物流运行情况通报，2019－03－23. http://www.clic.org.cn/wltjwlyx/300920.jhtml.

（二）多种模式并存、服务能力提升显著

当前我国 B2C 电商物流经营模式存在多种组织模式并存且快速发展的趋势。第三方物流、供应链型、平台型、企业联盟等多种组织模式加快发展。服务空间分布上有同城、异地、全国、跨境等多种类型；服务时限上有“限时达、当日递、次晨达、次日递”等。可提供预约送货、网订店取、网订店送、智能柜自提、代收货款、上门退换货等多种服务。

（三）信息化程度逐步增加

B2C 电子商务第三方物流企业智能化、信息化、集成化速度加快。企业对自动分拣技术、可视化及货物跟踪系统、条形码、传感技术、无线射频识别、地理信息系统、全球定位系统、移动支付技术的应用也逐步加强，大大提高了服务效率和准确性。

第三节　B2C 电商物流需求特点及作业模式分析

一、B2C 电商订单特点分析

和传统业务及 B2B 电商的订单特点不同，B2C 电商订单在订单频次、单品订单量等方面均具有自己的特征。借助日本铃木震先生提出的 EIQ 分析理论，根据客户订货次数（entry）、订单品项（item）和数量（quantity）三个物流关键要素，从每张订单的订货品项数量（EN），每张订单的订货数量（EQ），每个单品的订货数量（IQ），每个单品的订货次数（IK）几个角度来分析 B2C 电商订单的特点。

（一）EN 值较低

EN 值是指单张订单的订货品项数，电商行业专业术语为单张订单的订单行数。传统物流订单行则多达几十、几百的订单行，多采用按订单拣选的模式。B2C 电商的单张订单平均订单行数少，最多不超过 10 个，EN 值为 1 的订单（即单个订单行）所占比重较多。

（二）EQ值较低

EQ值是每张订单的订货数量。无论和传统业务或者和B2B的订单相比较，B2C电商的EQ值较低，一般不超过10个。同时单个订单行的深浅度也很浅，一般在1~2个之间。

（三）IK值和IQ值均较低

IK值是每个存货单元（stock keeping unit，SKU）的订货次数。传统贸易行业SKU数量少，订单相似程度高，IK值较高；而B2C电商行业IK值较低。

IQ值是每个SKU的订货数量，IQ值和IK值紧密相关，无论和传统业务或者和B2B的订单相比较，B2C电商的IQ值均较低。

（四）订单数量波动性大

B2C电商订单量不均衡，波动性非常大。以年为单位来分析，国内外电商借助各种促销活动如双十一、双十二以及店庆日等引来的大量订单，导致促销阶段的订单可达到平时的2~3倍甚至更多。同时，常常也会有一些单品或者组合装的团购等活动，这种活动也会引来临时性大量的订单，对后端的电商仓储物流要求也极高。电商订单在每天不同时间段波动性也较大，一般上午7：00~10：00和晚上20：00~24：00为订单高峰期。

根据以上分析，可以总结出B2C电商订单和传统零售、B2C电商订单特性的不同，具体见表2-1。

表2-1　B2C电商订单和传统零售、B2B电商订单的对比

分析项目	B2C电商订单	B2B电商订单	传统零售订单
EN值	低	较大	大
EQ值	低	大	大
IK值	低	较大	大
IQ值	低	大	大
波动性	很大	较大	有，但不大

二、B2C 电商物流业务特点分析

B2C 电商物流作业量变动性很大，无法像传统商贸物流那样实现定时、定量的配送，对仓库内订单拣选的效率和准确性提出了严格的要求，主要区别如下（见表2-2）。

表2-2 B2C 电商物流和传统零售物流的区别

分析项目	B2C 电商物流	传统零售物流
库存 SKU 数量	大，一般以万为单位，甚至高达百万	少，达到一万以上的很少
单个 SKU 库存量	少，一般为个位数	多，上百
作业准确性	要求非常高	要求高
作业实时性	高，基本上是订单随到随处理	按约定时间分拣配送
退换货	量大，且要求随时处理	量小，且按照合同约定时间退换货
客户数量	大，且快速增长	少，但比较稳定

（一）库存 SKU 总量大

B2C 电商企业 SKU 总量较大，如亚马逊和当当网等有几十万、甚至几百万个 SKU。

（二）单个 SKU 库存少

为了降低成本，电商物流通常控制单个 SKU 的存货数量，提高物品周转率。所以，电商仓储物流里的存储单元大多以箱为主，主要选择箱式货架，并及时实现补货作业。

（三）作业准确性要求高

电商行业对仓储物流操作的精准性方面要求更高，需要尽全力保障拣货的准确性，对于拣货完成待配送出库的商品，要做到100%的全复核，以及大多数情况下，需要进行打包操作。因此，在电商仓储物流的规划和操作上，订单拣选如何提高复核/打包效率，也是重中之重。

（四）作业实时性要求高

电商企业配送时效要求高，如京东的211送达、易迅的一日三送等，这就要求仓库需要在1～2个小时的时间内完成订单的拣选、复核、打包等操作。与传统零售的24小时或48小时的订单响应时间相比，电商仓储物流作业要保证订单随到随生产，在短时间内完成订单的生产。

（五）订单数量巨大，但单个订单订货量小

由于B2C电商行业面向全球客户，因此订单数量巨大；但是C2C模式不同的是，B2C单个订单的订单行（一个订单中的产品品项数）较少，且订单深度较浅（订单深度指单个品项的订货数量）。

（六）退、换货量很大

与传统零售物流相比，电商的退货量极大。对于后端的电商仓储物流而言，则要有很强的退货商品处理能力，将退货商品进行快速挑拣，保证退货可再销售商品的及时上架。

（七）客户数量大

电商的客户数巨大，2018年，网上零售额突破九万亿元，其中在质量和服务更有优势的B2C模式市场份额达到62.8%[①]。而传统零售行业虽然客户数量少，但是客户资源稳定，客户下单也比较稳定。

第四节　B2C电商物流发展趋势

一、物流行业

（一）电子商务物流的园区化，以及跨业态聚集

单纯在2015年，我国就增加了将近1000个电子商务产业园，由于商

---

① 中国国际电子商务中心.2018/2019中国零售行业发展报告，2019-09-01. http://ciecc.mofcom.gov.cn/.

业信息链因互联网的普及被打通，导致传统的批发市场失去优势，开始转型改造，升级为电子商务产业园。

当前电子商务物流发展布局的趋势之一就是“物流园+产业园+互联网”的发展模式，线上生态与数据的变化，导致了的线下物流产业空间集聚态势的改变。

（二）需求侧供应链再造促进供给侧改革

产能过剩与中国的高端消费者缺乏好商品的问题是供给侧改革的主要方向。B2C电商企业与B2C电子商务第三方物流企业正在合力创造一个需求端的商业价值体系。

社会将会建立一个全新的、覆盖全国的电商和物流的服务体系推动供给侧改革，这个基础设施的建立是至关重要的。

（三）商业基础设施的个人化、应用化

社会化、私人化是当前社会基础设施投资的一个重要特点。这种投资不再像是过去的国有航空公司购置飞机一样，个人是这类投资的主导者。物流快递的基础设施投资是我国商业基础设施的投资之一，目的是连接、整合、盘活、运营一切社会资源。这代表了基础设施升级和转型创新的方向。

二、物流企业

（一）信息化

电子商务时代，物流信息化是电子商务的必然要求。物流信息化表现为物流信息的商品化、物流信息收集的数据库化和代码化、物流信息处理的电子化和计算机化、物流信息传递的标准化和实时化、物流信息存储的数字化等。因此，条码技术（bar code）、数据库技术（database）、电子订货系统（electronic ordering system，EOS）、电子数据交换（electronic data interchange，EDI）、快速反应（quick response，QR）及有效的客户反应（effective customer response，ECR）、企业资源计划（enterprise resource planning，ERP）等先进技术与管理策略在我国的物流中将会得到普遍的应用。

（二）自动化

自动化的基础是信息化，自动化的核心是机电一体化，自动化的外在表现是无人化，自动化的效果是省力化，另外还可以扩大物流作业能力、提高劳动生产力、减少物流作业的差错等。物流自动化的设施非常多，如条码/语音/射频自动识别系统、自动分拣系统、自动存取系统、自动导向车、货物自动跟踪系统等。这些设施在发达国家已普遍用于物流作业流程中，而在我国由于物流业起步晚，发展水平低，自动化技术的普及还需要相当长的时间。

（三）网络化

物流领域的网络化有两层含义：一是物流配送系统的计算机通信网络，包括物流配送中心与供应商或制造商的联系要通过计算机网络，另外与下游顾客之间的联系也要通过计算机网络通信，比如物流配送中心向供应商提出订单这个过程，就可以使用计算机通信方式，借助于增值网（value-added network，VAN）上的电子订货系统（EOS）和电子数据交换技术（EDI）来自动实现，物流配送中心通过计算机网络收集下游客户的订货的过程也可以自动完成；二是组织的网络化，即所谓的组织内部网（intranet）。比如，中国台湾地区的电脑业在20世纪90年代创造出了“全球运筹式产销模式”，这种模式基本是按照客户订单组织生产，生产采取分散形式，即将全世界的电脑资源都利用起来，采取外包的形式将一台电脑的所有零部件、元器件、芯片外包给世界各地的制造商去生产，然后通过全球的物流网络将这些零部件、元器件和芯片发往同一个物流配送中心进行组装，由该物流配送中心将组装的电脑迅速发给订户。可见，物流的网络化成为电子商务下物流活动的主要特征。

（四）智能化

这是物流自动化、信息化的一种高层次应用，物流作业过程大量的运筹和决策，如库存水平的确定、运输（搬运）路径的选择、自动导向车的运行轨迹和作业控制、自动分拣机的运行、物流配送中心经营管理的决策支持等问题都需要借助于大量的知识才能解决。在物流自动化的进程中，物流智能化是不可回避的技术难题。好在专家系统、机器人等相关技术在国际上已经有比较成熟的研究成果。为了提高物流现代化的水平，物流的智能化已成为电子商务下物流发展的一个新趋势。

（五）柔性化

柔性化本来是为实现“以顾客为中心”理念而在生产领域提出的，但要真正做到柔性化，即真正地能根据消费者需求的变化来灵活调节生产工艺，没有配套的柔性化的物流系统是不可能达到目的的。20 世纪 90 年代，国际生产领域纷纷推出弹性制造系统（flexible manufacturing system，FMS）、计算机集成制造系统（computer integrated manufacturing system，CIMS）、制造资源系统（manufacturing requirement planning，MRP－Ⅱ）、企业资源计划（enterprise resource planning，ERP）以及供应链管理的概念和技术，这些概念和技术的实质是要将生产、流通进行集成，根据需求端的需求组织生产安排物流活动。因此，柔性化的物流正是适应生产、流通与消费的需求而发展起来的一种新型物流模式。这就要求物流配送中心要根据消费需求“多品种、小批量、多批次、短周期”的特色，灵活组织和实施物流作业。

（六）绿色化

绿色化就是更加注重生态文明，把“金山银山不如绿水青山”的理念贯彻落实到电商物流的各个环节，运用绿色物流技术，使资源能够尽可能地得到循环利用，使物流环节对环境的污染伤害达到最小，使参加其中的人员都树立绿色环保的意识，朝着美丽中国的总体目标进发。绿色化就是从环保理念出发，以可持续发展为原则，在满足人类合理需求的同时降低对环境的危害，构建资源节约型物流体系。

（七）全球化

据统计，2018 年我国货物进出口总额为 46230.4 亿美元，同比增长了 12.6%，其中出口金额为 24874 亿美元，同比增长 9.9%，进口金额为 21356.40 亿元，同比增长 15.8%[①]。此外，最近几年中国跨境电商在零售领域的进出口额年均增长率均在 50% 以上，目前海淘的用户已超过 7400 万人次。随着“一带一路”的快速发展与国家政策的支持，跨境电商实现了飞速的扩张，因此电商物流也必须走上全球化的道路。如图 2－3 所示

---

① 中国海关总署．货物进出口年度统计．http：//data.mofcom.gov.cn/hwmy/imexyear.shtml.

为2013～2018年我国跨境电商交易规模。

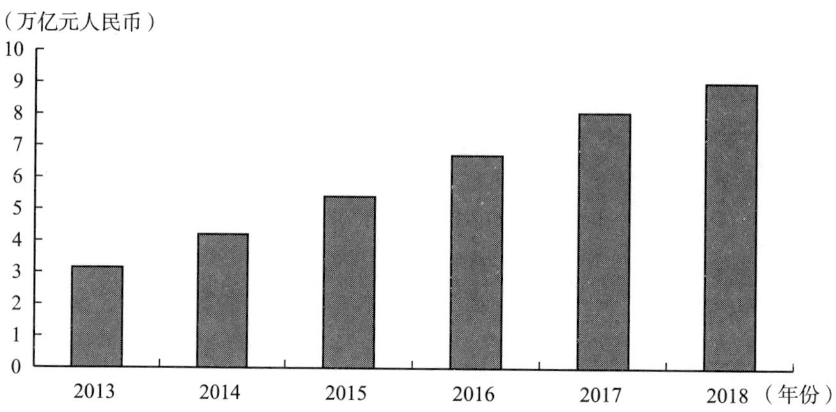

图2-3 2013～2018年我国跨境电商交易规模展示

资料来源：中国电子商务协会《2017～2018中国电子商务发展报告》。

另外，物流设施、商品包装的标准化，物流的社会化、共同化也都是电子商务物流模式的新特点。

第三章

B2C 电商物流的服务现状调研

由于 B2C 电商物流与传统物流区别较大，故不能用传统物流的眼光和方法看待 B2C 电商物流。作为企业而言，要以顾客需求为导向，要想获取更大的利润，应了解更加真实准确的顾客需求与评价，我们考虑采用调查问卷的方式研究其服务质量。

第一节　调查问卷设计

本问卷由三个部分组成，分别是问卷标题、说明信和正文。根据本次调查的主题，将问卷标题设为“关于 B2C 电商物流服务质量调查的调查问卷”。说明信是为了让调查对象了解调查的目的和答卷的用途。正文部分则是此次调查的关键，包括两个部分，下面详细介绍一下问卷的正文部分。

第一部分主要是用于了解受访者的基本情况和我国 B2C 电商物流服务现状。

第二部分主要是自营物流和第三方物流两种不同物流模式的购物体验及对比考量，是正文部分的核心。借鉴其他研究的指标如表 3 –1、表 3 –2 所示。

表 3 –1　　指标

参考 1	1. 快递服务模式的种类 2. 送达的货物数量型号等与订单的符合程度 3. 配送人员形象、服务和态度 4. 货物跟踪服务 5. 货物按时到达的情况 6. 货物准确到达顾客要求地点的情况 7. 货物的包装 8. 货物的破损程度 9. 退换货的流程 10. 公司整体的物流服务质量

表3-2 指标

参考2	有形性	1. 物流运输设备的规范化	物流运输设备的规范统一
		2. 商品包装的合理化	收到商品时包装的完好程度
		3. 配送人员服装的统一性	配送人员的服装统一
		4. 配送方式的可选择性	顾客可自主选择物流配送方式
		5. 收货方式的多样性	提供上门、自提、指定配送点等多种收货方式
	可靠性	1. 物流服务的覆盖范围	提供的物流服务能满足不同地区的需求
		2. 配送商品的完好性	收到商品的完好程度
		3. 配送商品的准确性	收到的商品和顾客购买的相一致
		4. 商品库存的可靠性	可提供准确的商品库存信息
		5. 退换货服务的可靠性	提供无理由退换货服务
		6. 商品跟踪信息的准确性	顾客能够及时跟踪到准确的商品信息
	响应性	1. 发货的等待时间	从顾客确认订单到发货的等待时间
		2. 商品送达的时间	从顾客确认订单到收货的等待时间
		3. 爆仓期的延迟时间	电商企业促销期间比平时收货的延长期
		4. 退换货响应时间	退换货申请时等待商家确认的时间
		5. 退换货时上门取件的时间	退换货时快递员上门取件的时间
		6. 退换货的处理周期	退回商品到再次收到商品时间和退款返还时间
		7. 处理顾客投诉问题的时间	顾客投诉时解决问题的所用时间
	移情性	1. 服务的个性化	可提供顾客需要的个性化服务
		2. 员工的态度	员工的服务态度
		3. 签收前验货	可提供验货后再签收的服务
		4. 投诉的处理过程	处理顾客投诉过程的顺畅程度
		5. 投诉处理结果的满意性	顾客对投诉处理结果的满意程度
	经济性	1. 物流管理费用	在商品保管、包装、装卸等方面产生的费用
		2. 物流配送费用	顾客需要支付的物流费用
		3. 物流服务的性价比	顾客支付的物流费用与接受服务的符合度
		4. 退换货服务费用	顾客退换货时买卖双方就物流费用承担比例
		5. 物流模式转换成本	当顾客指定某种物流方式时需要多支付的费用

根据综合性、实用性原则，结合当前 B2C 电商物流形势，本次调查问卷对上述指标进行有重点的筛选、融合，设计了 9 个评价指标以及其所对应的测量题项，具体如表 3－3 所示。本部分根据被调查者对调查问题的满意程度将评分标准划分为 5 等，分别是非常不满意、比较不满意、一般、比较满意、非常满意，其所占的不同比例就表明了对应指标在调查群体中的评价高低。

表 3－3　　评价指标设计

序号	指标	测量数据设计
1	快递方式的可选择性	顾客可自主选择配送方式（如普通快递、加急快递等）
2	物流服务的覆盖范围	提供的物流服务能满足不同地域（如县、乡、村）的需求
3	配送商品的完好性	收到包裹的外包装及货物的完好情况
4	退换货服务的可靠性	提供无理由退换货服务
5	货物配送时间	货物按时到达的情况
6	退换货处理情况	退换货整个处理流程的满意度
7	员工的形象、服务和态度	工作人员的形象、服务和态度
8	签收前验货	可提供验货后再签收的服务
9	公司整体物流服务质量	综合来看物流服务质量满意度

第二节　调查问卷发放和收集

为了方便统计分析，此次调查采用网络发放的方式，邀请受访者以自助填写的方式回答问题。问卷除了在“问卷星”“爱调研”等在线调研平台发放，还通过各种聊天软件、邮件等方式邀请同学、朋友及亲戚参与调查。

第三节　问卷统计分析

本次调查问卷总共收回 270 份，其中无效问卷有 23 份，因此实际有 247 份对调研结果有效。通过对答卷的统计和分析，得到结果如下。

一、基础数据统计分析

（一）性别和年龄分布情况

在247个有效的答卷中，女性有145人，所占比例为59%，男性有102人，所占比例为41%，如图3-1所示。

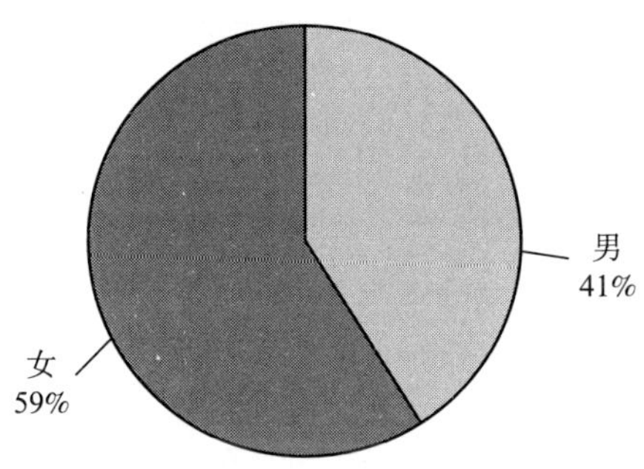

图3-1 男女比例分布

调查对象主要集中在16~35岁，占总人数一半以上，其中26~35岁占比最高达44.5%，而刚好当前的网购人群大都位于此年龄段，说明调研数据是有效的，如图3-2所示。

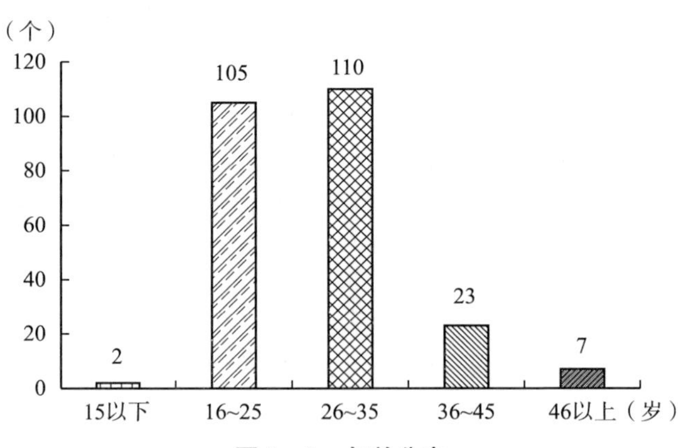

图3-2 年龄分布

（二）学历和收入分布情况

调查对象的学历层次主要集中在大学本科，占总体样本的50%以上，其次，高中或中专、大专、硕士及以上占比也较高，与年龄分布相匹配，如图3－3所示。

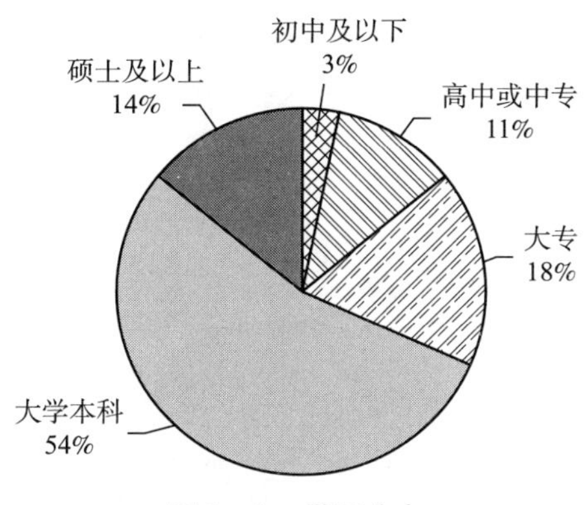

图3－3　学历分布

在个人收入分布情况下，调查对象的月平均收入主要集中在3500～5499元这一水平，占比35.22%，其次，5500～7499元这一水平的人数也占了比较大的比重，为25.51%。与前面的年龄、学历情况基本符合，如图3－4所示。

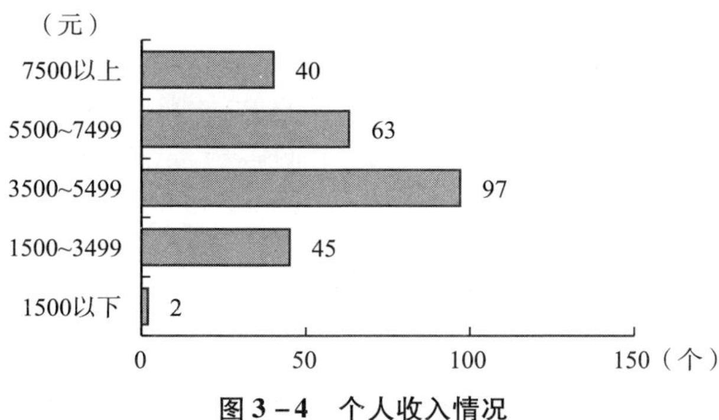

图3－4　个人收入情况

二、B2C电商物流服务现状调研统计分析

（一）网购频率及经常网购的B2C商城

在筛选的270个有网购经历的答卷中，一个月一次的网购频率的人数最多，占比高达48%。其次，一个月几次的网购频率占26%，也比较高，最近几乎没有网购的只占9%，表明这些数据具有一定的代表意义，如图3-5所示。

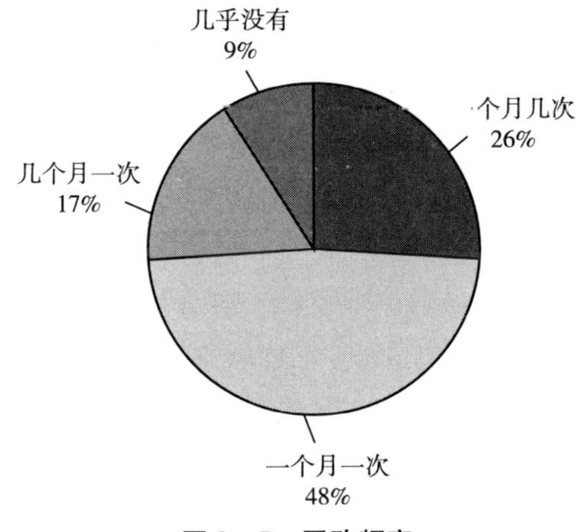

图3-5　网购频率

在经常购物的B2C商城中，拥有最大消费者群体的是天猫商城，京东商城位于第二。但总体来说，主要的B2C商城目前都有一定量的受访者购物，与实际情况一致，表明了调查数据的有效性，如图3-6所示。

（二）B2C商城网购的物流服务情况

在影响消费者网购体验的因素中，产品质量和产品价格所占比例较高，分别达到了77.92%和63.76%。对于物流服务，则有59.13%的调查对象认为会影响网购体验。由此可以看出，物流服务已经对消费者的网购体验有着比较重要的影响作用，如图3-7所示。

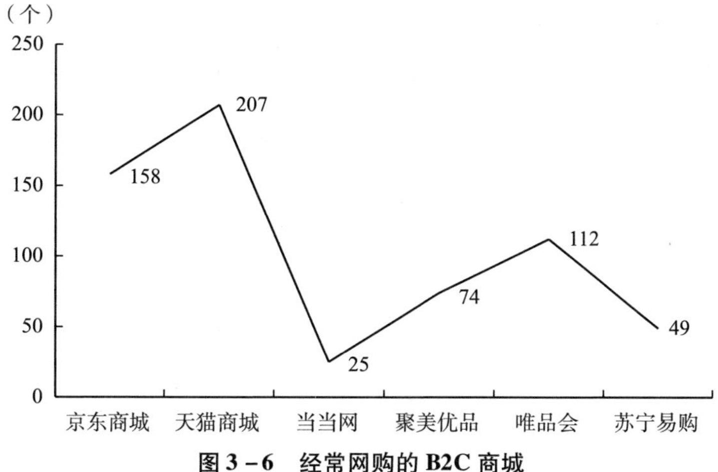

图 3 -6　经常网购的 B2C 商城

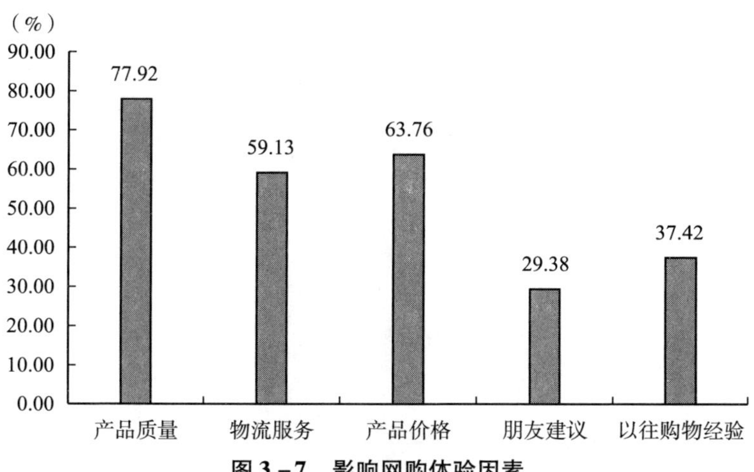

图 3 -7　影响网购体验因素

在影响 B2C 网购商城物流服务因素的调查中，处理问题的能力和配送时间两项因素比较重要，其次，服务态度和物流费用的占比也较高。但综合来看，各项因素的重要性都不低，说明消费者对物流服务各个方面都比较看中，所以 B2C 电商物流服务质量的全面提高十分必要，如图 3 -8 所示。

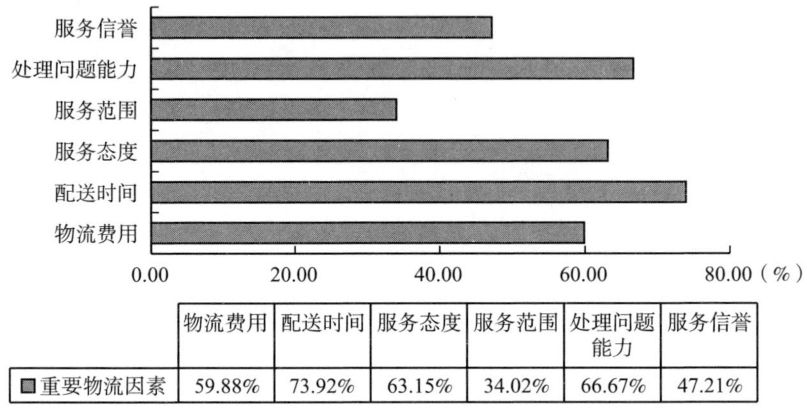

	物流费用	配送时间	服务态度	服务范围	处理问题能力	服务信誉
重要物流因素	59.88%	73.92%	63.15%	34.02%	66.67%	47.21%

图3－8　影响网购物流体验的因素

三、自营物流模式的购物体验

在有过京东商城、唯品会或苏宁易购购物经历的受访者中，有52%的人在京东商城有更多的购物经历，有30%的人在唯品会有更多的购物经历，有18%的人则在苏宁易购有更多的购物经历，如图3－9所示。

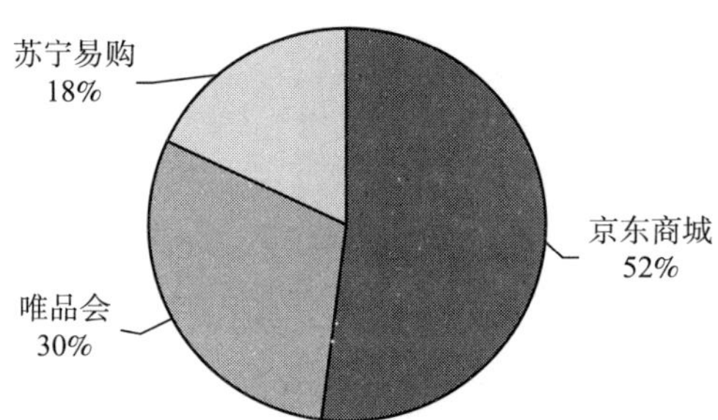

图3－9　自营物流模式网站受访者配比

在京东商城、唯品会和苏宁易购网购过的调查对象，根据网购体验，对快递方式的可选择性，物流服务的覆盖范围，配送商品的完好性，退换货服务的可靠性，货物配送时间，退换货处理情况，员工的形象、服务和态度，签收前验货，公司整体的物流服务质量等9项评价指标做出了客观的评价，如表3－4所示。

表 3-4 自营物流模式评价指标的满意度

评价指标	非常不满意	比较不满意	一般	比较满意	非常满意
快递方式的可选择性	9	29	48	101	60
物流服务的覆盖范围	7	28	102	67	43
配送商品的完好性	4	6	55	143	39
退换货服务的可靠性	1	2	64	128	52
货物配送时间	3	18	71	129	26
退换货处理情况	3	3	79	111	51
员工的形象、服务和态度	6	17	77	93	54
签收前验货	5	19	86	90	47
公司整体的物流服务质量	2	4	69	125	47

四、第三方物流模式的购物体验

数据表明，在聚美优品、天猫商城或当当网有过购物经历的调查对象中，78%在天猫商城有较多的网购经历，如图 3-10 所示。

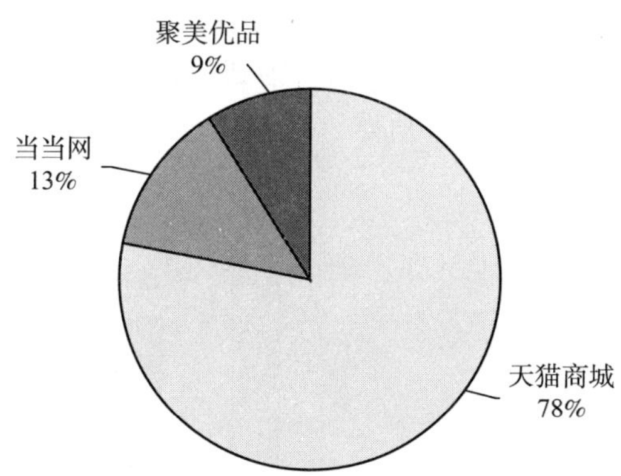

图 3-10 第三方物流模式网站受访者配比

在聚美优品、天猫商城、当当网购物过的调查对象根据网购体验对快递方式的可选择性，物流服务的覆盖范围，配送商品的完好性，退换货服务的可靠性，货物配送时间，退换货处理情况，员工的形象、服务和态度，签收前验货，公司整体的物流服务质量等 9 项评价指标的满意情况如表 3-5 所示。

表3-5　第三方物流模式评价指标的满意度

评价指标	非常不满意	比较不满意	一般	比较满意	非常满意
快递方式的可选择性	10	62	111	55	9
物流服务的覆盖范围	11	87	79	59	11
配送商品的完好性	12	28	153	41	13
退换货服务的可靠性	51	74	89	24	9
货物配送时间	29	65	117	22	14
退换货处理情况	62	99	65	16	5
员工的形象、服务和态度	30	54	128	20	15
签收前验货	35	124	57	13	8
公司整体的物流服务质量	19	107	86	11	24

第四节　B2C电商物流服务存在的主要问题

通过问卷调研，对比自营物流和第三方物流两种不同的物流模式在9项评价指标中的满意度，可以看出自营物流模式整体来说要高于第三方物流模式。

在快递方式的可选择性指标中，自营物流模式在“比较满意”和“非常满意”中都明显高于第三方物流模式，而第三方物流模式在“比较不满意”上偏高，如图3-11所示。

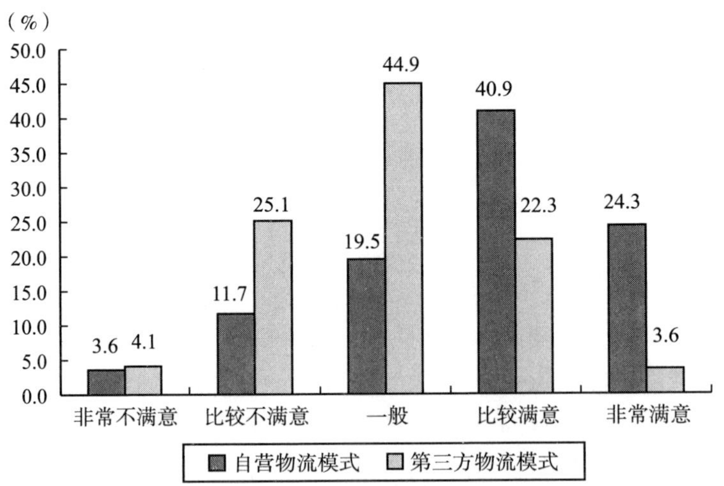

图3-11　快递方式的可选择性指标对比分析

在物流服务的覆盖范围指标中，自营物流模式在“一般”“比较满意”和“非常满意”上均稍高于第三方物流模式，而第三方物流模式在“比较不满意”和“非常不满意”中较高，如图 3-12 所示。

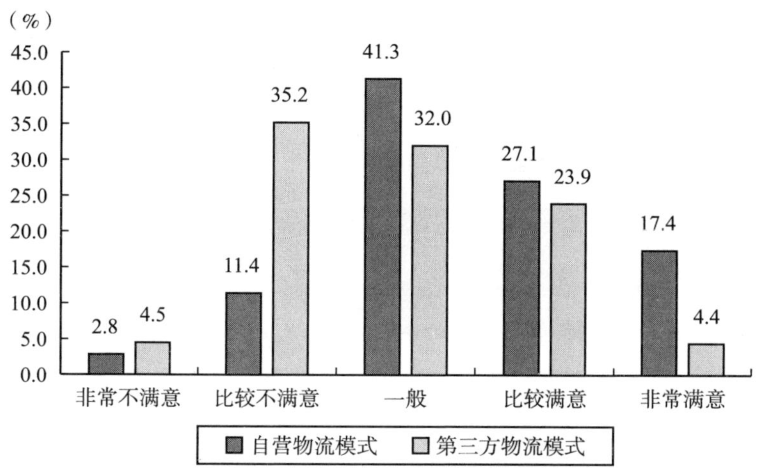

图 3-12 物流服务的覆盖范围指标对比分析

在配送商品的完好性指标中，自营物流模式在“比较满意”和“非常满意”中都高于第三方物流模式，第三方物流模式在“比较不满意”和“非常不满意”中较高。说明第三方物流模式在货物破损率方面有很大问题，如图 3-13 所示。

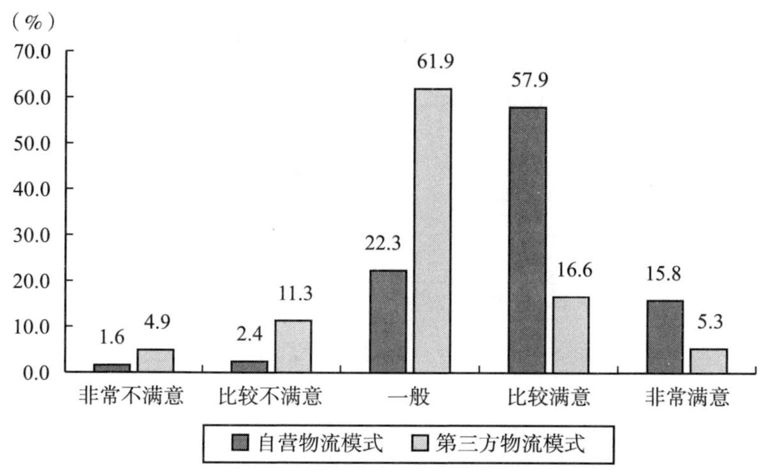

图 3-13 配送商品的完好性指标对比分析

在退换货服务的可靠性和退换货处理情况两个指标中，自营物流模式在“比较满意”和“非常满意”中都高于第三方物流模式，而第三方物流模式在“比较不满意”和“非常不满意”中都远远高于自营物流模式，差距较大，说明在退换货服务方面，第三方物流模式质量不如自营物流，如图 3－14、图 3－15 所示。

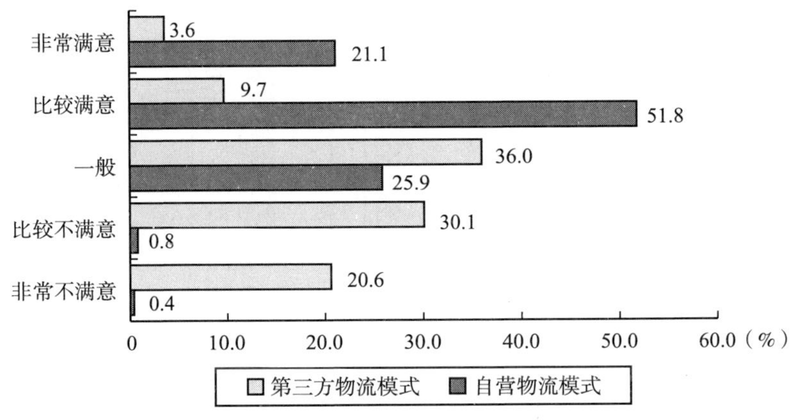

图 3－14　退换货服务的可靠性指标对比分析

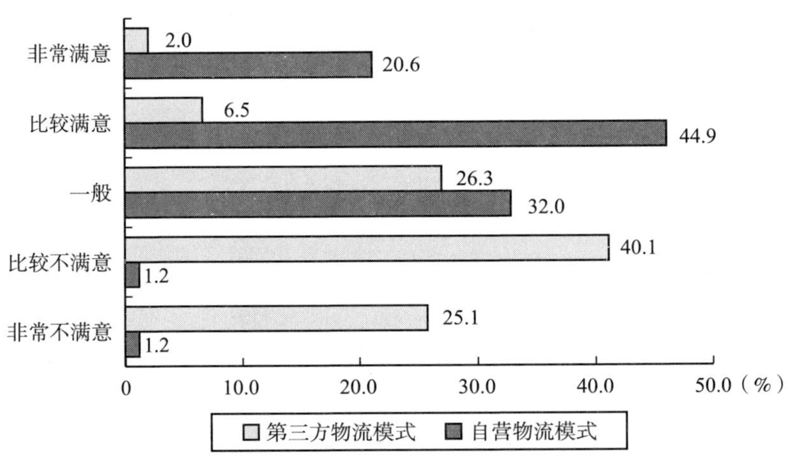

图 3－15　退换货处理情况指标对比分析

在货物配送时间指标中，第三方物流模式在“一般”“比较不满意”和“非常不满意”中都高于自营物流模式，而自营物流模式在“比较满意”中较高，如图3－16所示。

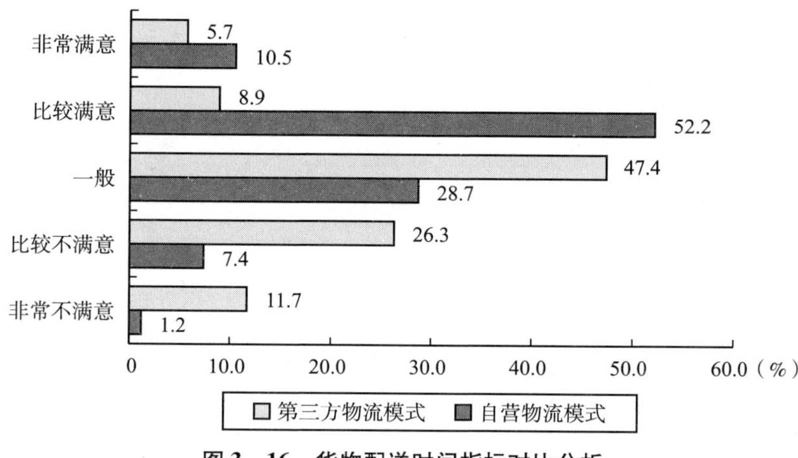

图3－16 货物配送时间指标对比分析

在员工的形象、服务和态度指标中，自营物流模式在“比较满意”和“非常满意”中都高于第三方物流模式，而在“比较不满意”和“非常不满意”中都远低于第三方物流模式，如图3－17所示。

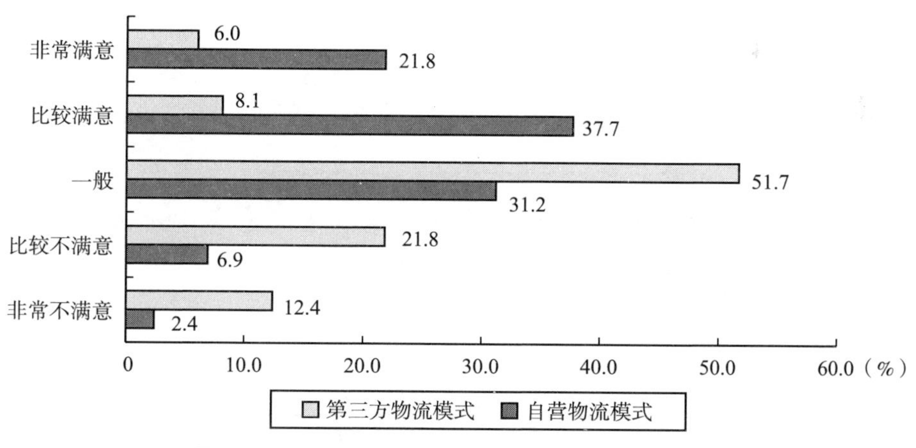

图3－17 员工的形象、服务和态度指标对比分析

在签收前验货指标中，自营物流模式在“一般”“比较满意”和“非常满意”上均高于第三方物流模式，而第三方物流模式在“比较不满意”

中最高，说明第三方物流模式的签收前验货服务质量很差，如图3－18所示。

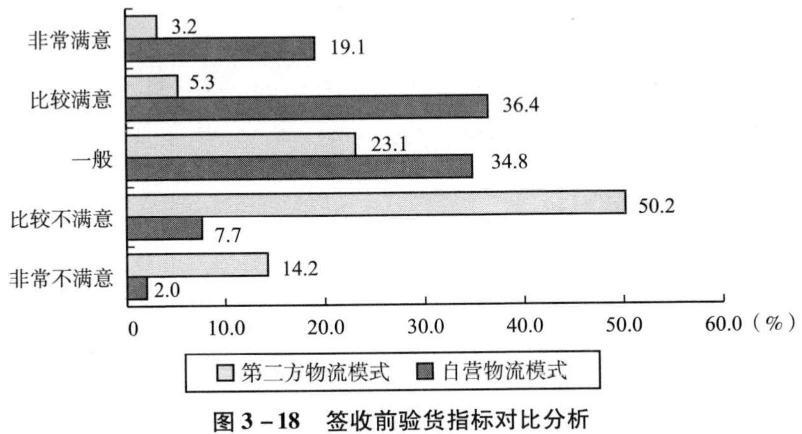

图3－18　签收前验货指标对比分析

在公司整体的物流服务质量指标中，第三方物流模式在“一般”“比较不满意”和“非常不满意”中都高于自营物流模式，自营物流模式在“比较满意”中最高。说明自营物流模式的公司整体服务质量要高于第三方物流模式，如图3－19所示。

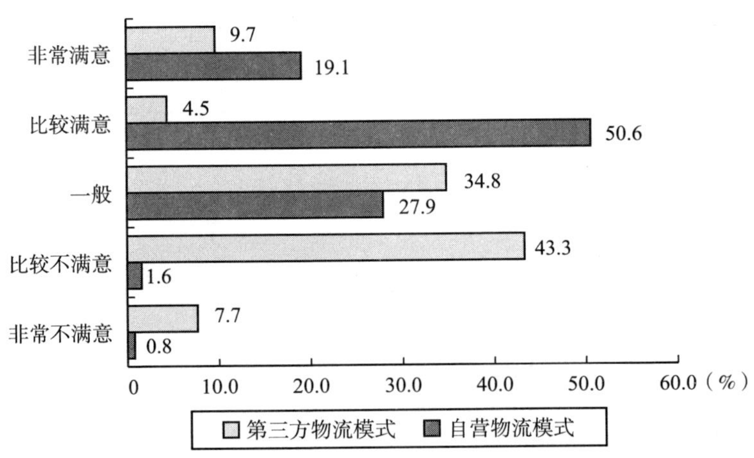

图3－19　公司整体的物流服务质量指标对比分析

总体来看，在9项评价指标的满意度中，自营物流模式的“比较满意”和“非常满意”的比例都要高于第三方物流模式，因此，自营物流模式在物流服务质量方面要普遍优于第三方物流模式。在退换货服务的可靠性，退换货处理情况，公司整体的物流服务质量，员工的形象、服务和态度和签收前验货这几个指标中，第三方物流模式与自营物流模式差距较大，特别是在退换货服务、签收前验货和员工服务态度这三个指标中，第三方物流模式的“差评”较高，所以在物流服务质量方面，第三方物流模式的 B2C 电商还要继续完善和优化，避免在 B2C 电商市场竞争中被物流影响，失去竞争力。

根据调研结果可以看出，对于自营物流模式的 B2C 电商而言，直接管理物流运作，在配送商品的完好性、退换货服务的可靠性、货物配送时间、公司整体物流服务质量这几个方面要明显优于第三方物流模式的电商，但是需要指出的是其投资巨大和配送资源浪费的问题。资金充裕，货物量大的电商可以考虑自营物流。而对于第三方物流模式的 B2C 电商来说，由于物流外包，降低成本，减少库存资金，但在物流的控制和管理上更加依赖合作物流公司，在员工服务态度、退换货服务、签收前验货这几个方面有比较严重的问题。对比来看，两种不同的物流模式各有优劣。对于无力负担庞大资金或者机会成本更大的电商而言，更倾向于选择第三方物流模式。

对于企业而言，选择恰当的物流模式，有利于实现企业资源的最优配置，有利于加快物流效率，有利于降低物流成本，提高企业总体效益。因此，选择合适的物流模式也是目前 B2C 电商存在的主要问题之一。

第四章

B2C 电商物流的评价分析

第一节　三种物流模式分析

一、自营物流配送体系模式分析

通过对自营物流配送体系进行 SWOT 分析（见表 4－1）可以了解到，自营物流虽然有建设资金多，筹备时间长的缺点，但它对客户利益的保障是更加充足的，在物质飞速发展、注重保障消费者权益的时代背景下，将会获得更多的发展机遇。自营物流配送体系对于资金充足的企业而言是一个不错的选择，将会为其带来巨大的收益。

表 4－1　　电子商务网站自营物流配送体系模式分析

优势 S	劣势 W
①在运输和配送过程中，自营物流模式将更加重视货物的保护，减少货物的损坏和丢失 ②这种物流体系只服务于自己的企业，因此会对消费者的订单信息更加关注，并做到迅速响应 ③而采用这种物流模式的 B2C 电商企业大多会在全国不同地区建有自有仓库，用不同仓库来服务不同区域，服务范围较广	①由于物流系统涉及仓储、配送、包装等环节，所以对于 B2C 电商企业来说要想完全覆盖这些物流环节流，初期的投资成本必然很高 ②企业建立自有的物流配送体系，必然会分散企业的精力，使企业内部的财务、人力、物力等资源分散，影响主营业务的发展，不利于企业核心业务的发展 ③我国国土辽阔，想要建立覆盖全国的物流网络的难度较大 ④由于投资成本高、建设周期长，因此响应的风险较大

续表

机遇 O	威胁 T
①网民规模越来越大，且消费者对物流服务的要求越来越高 ②物流发展逐步完善，配套设施越来越现代化 ③现阶段有很多企业热衷于自营物流的发展，这样可以帮助 B2C 电商企业更好地对自建物流和仓储的投入与发展	①自营物流企业规模都比较大，且第三方物流发展时间较长，有更丰富的发展经验，因此来自对手和其他物流公司的竞争压力较大 ②未来会有越来越多的 B2C 电商企业开始自建物流体系

二、利用第三方物流配送模式分析

通过对利用第三方物流配送模式进行 SWOT 分析（见表 4－2）可以看到，对于中小型企业而言，选择第三方物流减少自己在物流方面的投资，从而把更多的精力和金钱用在提升企业核心竞争力上，会更加有利于企业的发展，同时应该注重物流合作方的质量，减少因为物流方面的问题，对顾客购物体验造成影响。

表 4－2　　利用第三方物流配送模式分析

优势 S	劣势 W
①在 B2C 电子商务物流配送中，第三方物流企业的专业服务可以减少或消除 B2C 电商企业在物流运输与配送上的顾虑，使其能够更加专注于企业的核心业务发展，提高企业竞争力 ②B2C 电商企业对固定资产的投资较少，资金周转快，专业化物流运作流程降低物流运作成本 ③第三方物流企业拥有健全的物流网络、先进的物流设施和专业的运作能力，能为 B2C 电商企业提供多样化和高品质服务	①B2C 电商企业将物流业务外包，会导致企业对商品的运输与配送缺乏有效的监督和控制 ②并且企业不能根据自身需求，要求物流企业在节假日或物流需求较大的时期制订及时的、有效的物流计划方案 ③由于第三方物流公司主要以配送和快递业务为主，很少会注重物流服务质量，因此导致对网购消费者的整体服务水平较差 单个的第三方物流企业无法建立覆盖全国的物流网络
机遇 O	威胁 T
①社会经济发展迅速，国民经济连续多年增长，经济增长带动社会物流需求的扩大 ②网民规模不断扩大，电子商务也在迅速发展，必将推动第三方物流企业的快速发展 ③我国政府高度重视与支持第三方物流的发展，将物流发展纳入国家重点加快发展领域	①国外优秀的物流企业在中国投资建设，将中国市场作为其全球物流市场的重要战略组成部分，导致国内第三方物流企业市场份额的减少 ②大型的 B2C 电商企业自建物流体系，前期投入资金多，服务完善，对第三方物流企业也是一个不小的威胁

三、物流联盟模式分析

物流联盟是一个新兴的物流模式，对其进行SWOT分析（如表4-3所示），采用多家企业共建共享的方式实现资源的最大利用，采取这种模式的企业需要与合作的企业形成战略合作的关系，避免一家独大，丧失利润与话语权。

表4-3 物流联盟模式分析

优势S	劣势W
①前期投入资金雄厚，多家企业互助合作，合资成立物流联盟，投入资金充足 ②多家企业整合在一起，资源、信息、技术等开放共享，实力较其他企业优越 ③物流联盟模式是对传统物流模式的一种创新，符合未来社会化物流的发展趋势 ④集合各方资源、信息和数据，产生聚合效应，使覆盖范围进一步扩大	①参与方众多，项目庞大，利益如何平衡分配是个急需解决的难题 ②多方信息集合，使资源不容易精确分配、做不到信息融会贯通、合理的运营布局 ③物流联盟作为一种创新的物流模式，缺乏专业的物流人才
机遇O	威胁T
①与制造商、网商、快递物流公司和第三方服务公司合作，参与产业链中的各个环节，共同发展 ②带动地方产业经济的发展，促进更多产业电商化	①物流基础设施不够完善，还未建立健全的物流信息平台 ②物流联盟属于新兴的概念，缺乏系统的理论研究，在这种情况下物流联盟的发展将要面临非常大的风险

通过分析各个物流模式的优缺点及面临的机遇与威胁，可以看出每个物流模式都不是完美无缺的，但企业在发展自己的物流业务时可以取长补短，吸取不同物流模式的优点，使自身的物流模式更加适合企业和社会的发展。

第二节 评价指标体系概述

如何判断企业当前的物流模式是否满足企业自身及市场的需求，优势和劣势分别是什么，这就需要一套科学完善的评价体系。

一、评价指标体系建立的原则

（一）科学性原则

指标体系的设计与评价必须根据科学的原则选择各项指标，选择的指标能够客观地反映不同物流模式的特点和发展现状，能够客观、全面地反映各项指标之间的关系。

（二）系统优化原则

各指标之间要有一定的逻辑关系，它们要从不同的侧面反映出 B2C 电商物流的发展现状及面临的问题。每个指标之间有一定的联系又互相独立。指标体系的构建要从上到下，从宏观到微观，要有层次性。

（三）通用可比原则

通用可比性原则指的是指横向比较和纵向比较，即同一时期不同对象和同一对象在不同时间之间的比较。

（四）实用性原则

实用性原则是指评价指标体系要有可行性、实用性和可操作性。评价指标体系的设计不能过于复杂，在基本能保证评价结果的客观、准确的条件下，指标体系应设计得尽可能简单，减少或删除一些对评价结果影响不大的指标。评价所需的数据应易于收集，信息来源必须可靠，易于获取。评价指标、数据和相应的计算方法应该做到规范化、标准化。

（五）目标导向原则

评价的目的不是简单的排名，排列出好坏的程度的先后，更重要的是引导和鼓励被评价对象向正确的方向和目标进行发展。

二、物流综合评价

层次分析法源于英文 analytic hierarchy process，简称 AHP。1973 年由美国运筹学家萨蒂（T. L. Saaty）提出。

层次分析法是一种系统的分析方法，可以将一些重要性不清晰的因素通过计算使其条理化，并对因素的相对重要性的进行排序，针对一些使一些不能定量做出决策的问题，可以得到理想的决策分析结果。层次分析法的运算关键是构造两元素的两两判别矩阵，计算出判断矩阵的最大特征值和相应的特征向量。

第三节　物流评价指标体系的建立

一、建立评价指标体系结构

根据各因素的属性将因素自上而下分解成若干层。同一层的因素隶属于上层因素，或能对上层因素产生影响，同时又能支配下一层因素或受下一层层因素的影响。最上层为目标层，最下层为决策层，中间可以有一个或几个层次，通常为准则层或指标层。

考虑到企业发展物流模式的决定性因素，并综合考虑不同物流模式的优缺点，为使不同模式可以发现自身的不足，取长补短，建立评价指标体系结构。建立的评价指标体系结构如图 4－1 所示，目标层为物流模式的选择 A；一级准则层为运输配送能力 B_1，仓储和库存能力 B_2，商务服务

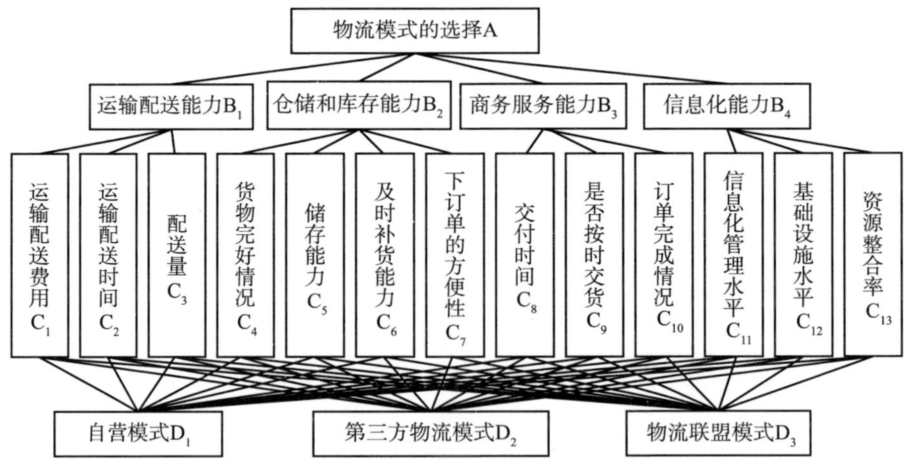

图 4－1　B2C 电商物流评价指标体系结构模型

能力 B_3，信息化能力 B_4；二级准则层为运输配送费用 C_1，配送能力利用率 C_2，货物损坏情况 C_3，货物完好情况 C_4，收发货物是否准确 C_5，库存周转率 C_6，下订单的方便性 C_7，交付时间 C_8，是否按时交货 C_9，订单完成情况 C_{10}，信息化管理水平 C_{11}，基础设施水平 C_{12}，资源整合率 C_{13}；决策层为自营模式 D_1，第三方物流模式 D_2，物流联盟模式 D_3。

二、构造判断矩阵

采用 1 ~9 标度法来表示两因素之间的相对重要性，即 $a_{ij}=1\sim9$，其中 a_{ij}所表示的意义如表 4 -4 所示。

表 4 -4 判别矩阵取值

标度 a_{ij}	定义
1	因素 a_{ij}和因素 a_{ij}相同重要
3	因素 a_{ij}比 a_{ij}稍重要
5	因素 a_{ij}比 a_{ij}较重要
7	因素 a_{ij}比 a_{ij}非常重要
9	因素 a_{ij}比 a_{ij}绝对重要
2，4，6，8	因素 a_{ij}与 a_{ij}的重要性介于上述两个相邻等级之间
1，$\frac{1}{3}$，$\frac{1}{5}$，$\frac{1}{7}$，$\frac{1}{9}$	比较得到判断之为a_{ij}的互反数，$a_{ji}=\frac{1}{a_{ij}}$，$a_{ii}=1$

对同一层所有的因素进行两两比较相对重要性，并用 1 ~9 标度法取值，即可得出这一层因素的判别矩阵 A。

$$A=\begin{pmatrix} a_{11} & a_{12} & a_{13} & \cdots & a_{1(j-1)} & a_{1j} \\ a_{21} & a_{22} & a_{23} & \cdots & a_{2(j-1)} & a_{2j} \\ a_{31} & a_{32} & a_{33} & \cdots & a_{3(j-1)} & a_{3j} \\ \vdots & \vdots & \vdots & \ddots & \vdots & \vdots \\ a_{(j-1)1} & a_{(j-1)2} & a_{(j-1)3} & \cdots & a_{(j-1)(j-1)} & a_{(j-1)j} \\ a_{j1} & a_{j2} & a_{j3} & \cdots & a_{j(j-1)} & a_{jj} \end{pmatrix}$$

三、一致性检验

对于判别矩阵 A，应当具有以下性质，对于任意的 $1 \leqslant i, j, k \leqslant n$ 都满足

$$a_{ij} = a_{ik} \times a_{kj}$$

则称为判别矩阵 A 是完全一致性矩阵，简称一致矩阵。

可以证明，完全一致矩阵的最大特征根就是 n，对于完全一致的矩阵，就可以用下列公式计算权重，即

$$Aw = nw$$

但在现实生活中，人们对相对比较复杂事件进行两个因素相互比较时得到的判断矩阵 A，一般不可直接保证正负反矩阵 A 就是一致正负反矩阵，因而存在误差，存在误差即说明判别矩阵不是一致性矩阵。

这种不一致必然导致最大正特征根 λ_{max} 与 n 的差距，不一致的地方越多，不一致程度越大，λ_{max} 与 n 的差距就会越大，此时导致问题 $Aw = nw$ 与问题 $Aw = \lambda_{max} w$ 之间的差别。

因此，为了避免造成太大的误差，就要判断计算矩阵 A 的一致性。由于判别矩阵一致性综合体现在 λ_{max} 与 n 的差距，因而人们就用 $\lambda_{max} - n$ 去衡量一致性。考虑到同样的差距对不同规模的矩阵的意义是不一样的。如果一个 $n = 10$ 的矩阵和 $n = 100$ 的矩阵的差距都等于 3，100 个数的综合差距为 3 和 10000 个数的综合差距为 3 的意义大不一样，显然 $n = 100$ 的矩阵不一致性更小，也就是说，$\lambda_{max} - n$ 与 n 的大小有关，因而实际计算中把一致性的指标定义为

$$CI = \frac{\lambda_{max} - n}{n - 1}$$

显然：

①当 $CI = 0$ 时，有 $CI = 0$，A 为完全一致矩阵。

②CI 值越大，就说明判别矩阵 A 的完全一致性越差。

③一般来讲，当 CI 小于某个阈值，就认为判断矩阵 A 的一致性可以接受，否则应重新进行两两比较，构造判别矩阵。

在这种情况下，使用修正值 RI 来校正一致性检验指标，并定义新的一致性检验指标为

$$CR = \frac{CI}{RI}$$

修正系数的取值如表 4－5 所示。

表 4－5　　修正值表

A 的维数	1	2	3	4	5	6	7	8	9
RI	0.00	0.00	0.58	0.96	1.12	1.24	1.32	1.41	1.45

当 $CR \leqslant 0.1$ 时，说明可以接受判别矩阵 A 的不一致程度，可以用其特征向量作为权向量，否则，应该重新进行不同因素之间的两两比较得出一个新的判别矩阵 A。

四、确定权重

利用和法求特征根和特征向量。

第一步，将判别矩阵 A 的每一个列向量归一化得：

$$d_{ij} = \frac{a_{ij}}{s_j}$$

其中，$s_j = \sum_{i=1}^{n} a_{ij}$。

第二步，对列归一化后的矩阵按行求和，得一列向量，即：

$$u_i = \sum_{j=1}^{n} d_{ij} \quad i = 1, 2, 3, \cdots, n$$

第三步，将所得列向量归一化，即：

$$w_i = \frac{u_i}{v} \quad i = 1, 2, 3, \cdots, n$$

其中，$v = \sum_{i=1}^{n} u_i$。所得向量 $w = (w_1, w_2, \cdots, w_n)^T$ 就是特征向量，也就是权向量。

根据公式：

$$Aw = \lambda_{max} w$$

令 $r = Aw$，则有：

$$r = \lambda_{max} w$$

如果没有误差，对每一个分量都有：

$$r_i = \lambda_{max} w_i$$

即：

$$\lambda_{max} = \frac{r_i}{w_i}$$

由于特征向量是一个近似值，所以各分量比值不相等，取其平均值作为特征向量的近似值，即：

$$\lambda_{max} = \frac{\sum_{i=1}^{n} \frac{r_i}{w_i}}{n} = \sum_{i=1}^{n} \frac{(Aw)_i}{nw_i}$$

五、层次总排序

如果有多层准则，需要从上到下分别计算各层相对于总目标的权系数，假设上一次对总目标的权重分别为 $u_i(i=1, 2, 3, \cdots, k)$，下一层对上层第 i 个准则的权系数为 $v_j(j=1, 2, 3, \cdots, l)$，则下层第 j 个准则对总目标的权重就是 u_iv_j。

第四节　应用分析

本章利用之前论述的层次分析法对 B2C 电商物流进行评价，针对三种物流模式分别挑选了具有代表性的 B2C 电子商务网站作为代表，选取京东商城代表自营物流，当当网代表使用第三方物流体系，天猫商城代表物流联盟模式。

一、B2C 电商网站介绍

（一）京东商城

京东商城在自建物流项目上投入了巨大的成本，并且物流体系相较于其他 B2C 电商企业算是比较完善，这直接导致京东商城在业务上占据中国 B2C 电子商务大部分的市场份额。在我国 B2C 电商企业中，京东是最早发展自建仓库、干线运输和末端配送的企业，发展时间长，到现在已经形成了一定规模。

仓储方面。在 2007 年，京东商城开始筹建自营的物流体系。由京东商城投资的物流公司在 2009 年正式成立投入使用，自此，京东商城开始在全国部署自己的物流体系。到目前为止，京东商城在华东地区、华北地区、西南地区、华南地区和中部地区都设有物流中心，这些物流中心基本可以覆盖各大城市，并在西安市和杭州市等城市设立了二级仓库，在 2015 年底面积已经将近 200 万平方米。由京东商城在上海投资建立的“亚洲一号”在 2014 年 10 月正式投入使用，总面积达 10 万平方米，二期项目正在建设，建成后总面积将达到 30 万平方米。

干线运输方面。京东自建的干线运输线路在 2012 年 6 月底正式投入使用，首批投入使用的干线运输车辆就有 300 多辆，使用自有的干线运输以后，明显缩短了两个仓库直接的调拨速度，自建干线运输是京东商城自建物流体系的关键步骤。通过自建干线运输、自有配送队伍和自营仓库之间的配合可以不断增加京东在 B2C 电商物流中的布局。

配送方面。从 2009 年开始，京东商城开始建立自有的配送队伍，用以提高最后一千米的服务水平。京东商城现在拥有超过两万人次的配送人员，300 多个京东自提点和超过 900 家自营配送站，这些人员和设备可以服务全国 360 多个主要城市。这些基础设施也使京东能够为消费者提供更加高效的配送服务，无论是极速达、一日四送、预约配送，还是限时达，京东商城一直是 B2C 电商行业的标杆。

（二）天猫商城

天猫商城在早期的发展阶段主要采用第三方物流模式提供物流服务，天猫商城为阿里巴巴旗下的企业，并没有其自有的物流体系，一般是将货物集中放在一个地方，然后将货物运输和配送的任务承包给第三方物流公司。当物流运作时，天猫商城只是一个平台，由客户自由选择物流企业对自己买的商品进行运输和配送，对早期订单量并不大的天猫商城来说，这种物流模式还是能满足其需求的。但随着这种物流模式中的收费政策导致的相对较低的用户体验及满意度，同时其他电商物流系统发展迅速，也对天猫商城造成了不小的影响，因此天猫商城计划在第三方物流模式的基础上建立一个较大的物流体系。在 2013 年，阿里巴巴集团、银泰集团联合富春集团、复星集团、三通一达、顺丰集团共同成立了成立“菜鸟网络科技有限公司”即菜鸟物流。

仓储方面。菜鸟在广州、上海、武汉、深圳、成都、北京等地建立了运营中心，总仓库储存面积达到了7万平方米，配送网络基本可以覆盖全国大部分地区。

配送方面。依靠强大的仓储系统，菜鸟物流的配送范围基本覆盖全中国，消费者在网上提交订单之后，菜鸟网络后台会及时抓取订单信息，并匹配到相应的运营中心，完成拣货包装之后就可以交付给合作的物流公司如顺丰、三通一达等，由快递公司负责将货物交付到消费者手中。

干线运输方面。菜鸟网络拥有自有的汽运服务，以华东、华南、华北、华中为主干线，自行开设了10多条长途专线和短途专线，菜鸟物流和全国各地知名物流公司合作的运营专线全面覆盖了珠三角、长三角、京津冀地区。

二、层次分析法运用

调查问卷共回收132份，调查人群涵盖所有年龄段，性别分布均衡。

“针对京东、当当网和天猫商城，您认为运输配送时间最短的是”，这个问题共收到85位被调查者选择京东商城，11位被调查者选择当当网，36位被调查者选择天猫商城。

（一）构造判别矩阵并进行一致性检验

根据调查问卷的信息并利用1～9标度法进行成对比较，确定各因素之间的相对重要性并给予相应的分值，构造出各层次中的所有判别矩阵，并计算权向量和一致性检验。

根据数据构造 C_1-D 的判别矩阵A：

$$A=\begin{pmatrix}1 & 7 & 3\\ 0.14 & 1 & 0.33\\ 0.33 & 3 & 1\end{pmatrix}$$

将判别矩阵A的每一个列向量归一化得：

$$D=\begin{pmatrix}0.68 & 0.64 & 0.69\\ 0.1 & 0.09 & 0.08\\ 0.23 & 0.27 & 0.23\end{pmatrix}$$

对归一化的矩阵D按行求和的一列向量：

$$E=\begin{pmatrix}2.01\\ 0.26\\ 0.73\end{pmatrix}$$

对列向量 E 归一化得一个列向量 W 即为特征向量，也就是权向量：

$$W = \begin{pmatrix} 0.67 \\ 0.09 \\ 0.24 \end{pmatrix}$$

其中特征值 $\lambda_{max} = \frac{\sum_{i=1}^{n} \frac{r_i}{w_i}}{n} = \sum_{i=1}^{n} \frac{(Aw)_i}{nw_i} = 3.01$，得：

$$CR = \frac{CI}{RI} = \frac{\frac{\lambda_{max} - n}{n - 1}}{0.58} = 0.01 < 0.1$$

因此判别矩阵 A 的不一致程度在允许范围内，可以用其特征向量作为权向量，即京东商城、当当网和天猫商城相对于运输配送费用的权重分别为 0.67、0.09 和 0.24。

（二）层次总排序

根据这种方法对每一个因素构造判别矩阵并进行一致性检验，得到最终的权重见下表 4-6、表 4-7、表 4-8、表 4-9。

表 4-6　　B2C 电商企业运输配送能力判断矩阵总排序

	C_1	C_2	C_3	C 层总权重
	0.30	0.54	0.16	
D_1	0.67	0.67	0.11	0.58
D_2	0.09	0.09	0.31	0.12
D_3	0.24	0.24	0.58	0.30

表 4-7　　B2C 电商企业仓储和库存能力判断矩阵总排序

	C_4	C_5	C_6	C 层总权重
	0.59	0.09	0.32	
D_1	0.65	0.65	0.64	0.65
D_2	0.06	0.06	0.07	0.07
D_3	0.29	0.29	0.28	0.29

表 4-8　　B2C 电商企业信息服务能力判断矩阵总排序

	C_7	C_8	C_9	C_{10}	C 层总权重
	0. 04	0. 15	0. 30	0. 51	
D_1	0. 43	0. 67	0. 65	0. 61	0. 62
D_2	0. 43	0. 09	0. 12	0. 12	0. 13
D_3	0. 14	0. 24	0. 23	0. 27	0. 25

表 4-9　　B2C 电商企业信息化能力判断矩阵总排序

	C_{11}	C_{12}	C_{13}	C 层总权重
	0. 13	0. 75	0. 13	
D_1	0. 12	0. 08	0. 32	0. 18
D_2	0. 56	0. 19	0. 08	0. 37
D_3	0. 32	0. 72	0. 60	0. 45

从上面的分析可以看出，自营模式在运输配送能力、仓储和库存能力及商务服务能力中获得的评价最好，而信息化能力中评价最好的是物流联盟模式，其次是第三方物流模式。

第五节　策略方案

一、选择合适的物流模式

两种典型的物流模式各有优劣，对于不同类型的 B2C 电商企业来说，选择一个合适的物流模式才能有针对性地提高物流服务质量，模式选择不当不仅会使物流服务的质量没有保障，还会让物流成为企业的累赘。

模式的选择主要从两大方面来考虑，一方面就是企业的规模和实力。当 B2C 电商企业达到一定规模，有能力和资金自建物流体系时，自营物流模式就是最佳选择。此时企业没有投资和运营成本方面的担忧，从可持续发展的角度来看，自营物流不仅可以让企业主导物流配送环节，使物流服务质量得到保证，还可以与其他企业实现资源共享，最大限度地为企业带来收益。而对于小规模的 B2C 电商企业，由于资金有限，并且业务量也比较少，为了节约成本，应该把企业的资源和精力集中放在核心竞争力上，因此最好是将物流外包给第三方物流企业，这样既能降低企业的风险又能让企业快速成长。

另一方面就是物流对于企业的重要性。如果物流环节对于企业其他业务的发展比较重要，那么物流服务的质量势必会影响到整个企业的运营，那么选择自营物流就更能让企业稳定地成长起来。相反，如果物流只是一个小环节，那么外包给第三方来减少管理费用是最合适的选择。

综合两方面来看，如果处于企业规模大但是物流对于企业又不太重要或者企业规模小但物流对企业却很重要这两种情况时，不妨选择物流联盟的模式。这种模式介于自营物流模式与第三方物流模式之间，它的特点即两种典型物流模式的中庸之处。选择物流联盟模式，前期既不需要巨大的投资，在物流环节的控制上也能取得平衡，优势显而易见，但是企业间需要长时间的相互磨合。具体选择方案如图 4 -2 所示。

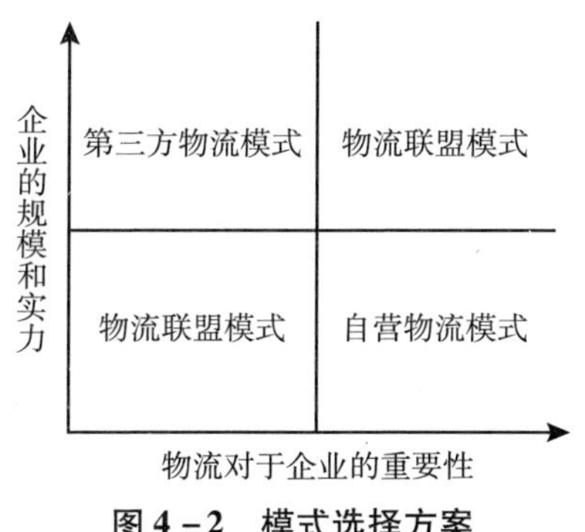

图 4 -2　模式选择方案

二、对于自营物流模式的策略

（一）整合物流资源，优化配送体系

为了不断提高物流服务的质量，以自营物流模式为主的 B2C 电商企业可以对一些小型的、有地域优势的物流资产进行并购和整合，不断优化物流配送网络结构。

（二）成立物流联盟，降低配送成本

适当选择合适的第三方物流企业进行合作，形成稳固的物流战略联盟，从而共享物流信息，以此来降低配送成本。

三、对于第三方物流模式的策略

（一）以消费者导向为服务质量标准

第三方物流模式的B2C电商必须从消费者的角度出发，了解消费者在物流方面的需要，从而有针对性的定制、完善物流服务质量管理体系。另外需要注意的是，不同的时间和市场环境可能会导致消费者的需要发生变化，因此企业的服务质量标准也要不断更新。

（二）注重服务过程管理

对消费者来说，服务结果固然重要，但是物流服务涉及各个环节，并且每个环节都与消费者联系密切，倘若只看重结果，即货物最终能到达顾客手中，但是在货物到达之前的各个环节却服务不佳，比如货物的配送时间长、货物破损率高、签收前不能验货等都会降低消费者对物流服务的满意度，另外，退换货服务和员工服务态度等也是物流服务链中不可忽视的重要方面，影响着公司整体的物流服务质量水平。因此，对于物流服务来说，服务过程比结果更为重要。

第五章

B2C电商物流作业流程分析

不同的物流模式有不同的优势和劣势，需要根据企业自身情况选择最适合的物流模式。虽然这三种物流模式各有其特色，但它们的基本作业流程却大致相同，以第三方物流为例，研究其作业流程来发现B2C电商物流的瓶颈环节。

第一节　B2C电子商务第三方物流的作业流程

B2C电子商务第三方物流配送不同于传统的物流配送流程，其运作处于严密的信息监控之下，正因如此，B2C电子商务第三方物流配送比传统的物流配效率更高，服务质量更好。现实中，B2C电商物流配送的实际作业流程包括分拣：配送中心接货、分拣、配货处理，运输，末端配送三个步骤，如图5－1所示。

一、分拣配送中心接货、分拣、配货处理

①接货：接收来自B2C电商企业（卖家）准备发出的商品。

②分拣：根据客户的收货地址，采用自动化或者人工分拣的方式，把商品分往不同的配送站点。

③配货：分拣完成后，等待装车（机）运输。

二、车（机）队运输

①装车（机）扫描：装车（机）之前，分拣中心对包裹进行扫描，使

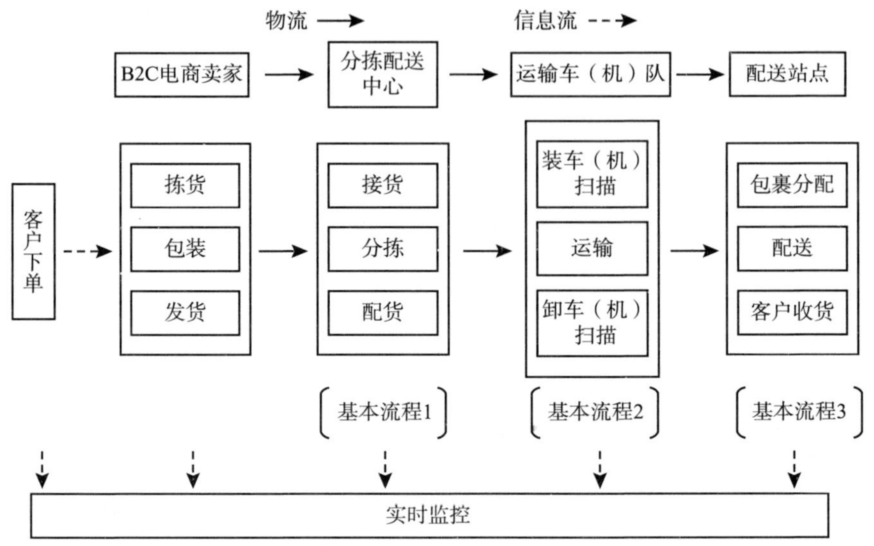

图5－1　实际作业流程

车辆（机）信息与承载货物信息相关联并录入系统，方便客户查询；同时与车（机）队进行交接。

②运输：货物从分拣中心运往配送站点的工作由车（机）队承担，此过程对车（机）辆进行GPS定位，达到监控跟定位的目的。

③卸车（机）扫描：货物到站后，站点人员对货物进行卸车（机）扫描，实收收货信息与系统进行匹配，无误后确认收货。发现货物缺失立即反馈。

三、配送站点配送

①订单分配：配送站点根据客户地址分配货物。

②配送：配送人员向客户发送取件通知或者送货通知，方便客户去配送点自取或者送货上门。

③客户收货：客户查验完毕，签字收货，配送员（配送站点）反馈配送成功信息。

四、实时监控

通过监控系统，电子商务企业、B2C电子商务第三方物流企业、客户可随时随地了解货物状态。

第二节　B2C 电子商务第三方物流服务分析

为全面反映我国 B2C 电子商务第三方物流企业的实际作业流程，现将我国 B2C 电子商务第三方物流实际作业的前 3 大基本流程和 9 小流程分为如下三个阶段：

第一阶段：此阶段为基本流程 1，即分拣配送中心接货、分拣配货处理。具体包括 B2C 电商企业（卖家）发货或快递员上门揽件、货物集中后根据不同收货地址分拣、配货三个流程。

第二阶段：此阶段为基本流程 2，即车（机）队运输。

第三阶段：此阶段为基本流程 3，即包裹分拣，配送站点配送。

具体阶段划分见图 5 -2 所示。

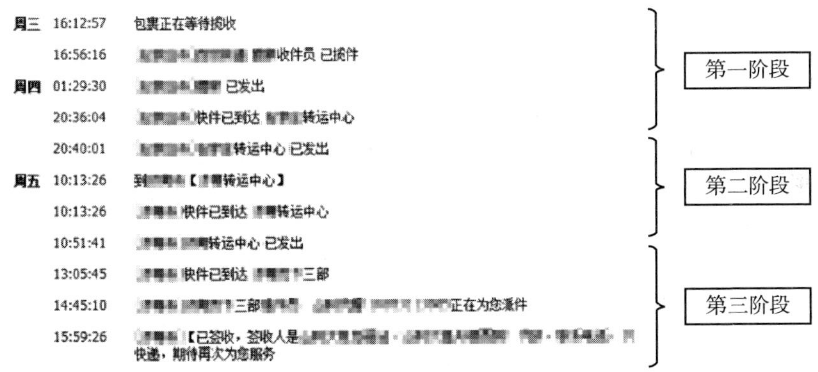

图 5 -2　B2C 电子商务第三方物流企业配送现状

一、服务效率可行性分析与统计

由于消费者的网购时间，网店发货地点，运输距离以及天气、交通条件无法保证一致，现将以上三个阶段的数据分析可行性进行说明：

第一阶段包括基本流程 1，即分拣配送中心接货、分拣配货处理。具体包括 B2C 电商企业（卖家）发货或快递员上门揽件、货物集中后根据不同收货地址分拣、配货三个流程。该阶段花费的时间主要包括揽件、集中包裹、分拣、配货四个步骤，该阶段的效率最能体现B2C电子商务第三方物流企业实际作业的自动化，信息化程度高低、工作小流程的衔接性高低。由于卖家位置以及上下级揽收点的距离不确定，所以卖家发货后、工作人员确认揽件后返回配送中心的时间以及从末端揽收点一级级向上集中包裹时，路上消耗的时间成为影响本阶段统计准确性的最大干扰因素。

第二阶段为基本流程2，即车（机）队运输。此阶段包含有运输距离，道路拥堵情况，天气情况，交通工具意外故障情况等较多的影响因素，而这些因素不确定性强，对数据的真实性干扰较大，因此，暂时不对阶段二的数据进行分析。

第三阶段为基本流程3，即包裹分拣、配送站点配送。该阶段一定程度上也体现了B2C电子商务第三方物流企业在末端配送过程中的分拣自动化、信息化程度的高低与工作小流程的衔接性程度。同样，也是由于上下级配送点的位置因素导致路上消耗的时间不同，这成为影响本阶段统计准确性的最大干扰因素。

结合以上分析，得出影响阶段一、三数据准确性的最大干扰因素便是消耗在上下级揽件点、配送点的运输时间，而且实际上，通过订单反馈的物流信息中，这两类时间有时是无法完全体现的，如：卖家发货登记时间与工作人员揽件确认时间一致，上级配送中心收件跟下级配送中心派件时间一致。所以，为了便于本部分的分析，现将影响阶段一、阶段三数据准确性的因素即消耗在上下级揽件点、配送点的运输时间忽略不计，着重对参考性较强，分析意义较大的阶段一、阶段三进行数据分析。

二、服务效率分析

在本次获得的数据中，可分析性较强，参考价值较大的数据为第一、三阶段的数据，现着重对第一、三阶段的数据进行分析。

分析附录三的表1～表6的数据，可以得出表5－1、表5－2、图5－3和图5－4。

表5-1 B2C电子商务第三方物流企业服务效率均值 单位：小时

快递公司	第一阶段	第三阶段
申通快递	8.78	5.48
顺丰速运	2.90	2.85
天天快递	8.13	6.49
圆通速递	8.54	6.58
韵达快递	8.41	7.55
百世快递	10.92	7.54

表5-2 B2C电子商务第三方物流企业服务效率值方差统计表

单位：小时^2

快递公司	第一阶段	第三阶段
申通快递	9.67	1.94
顺丰速运	1.14	0.89
天天快递	11.60	2.20
圆通速递	13.90	4.52
韵达快递	8.88	5.13
百世快递	15.46	4.30

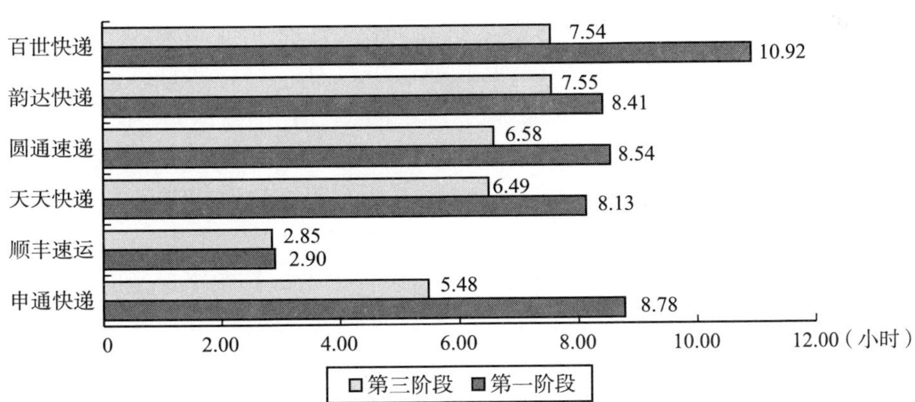

图5-3 B2C电子商务第三方物流企业服务效率均值

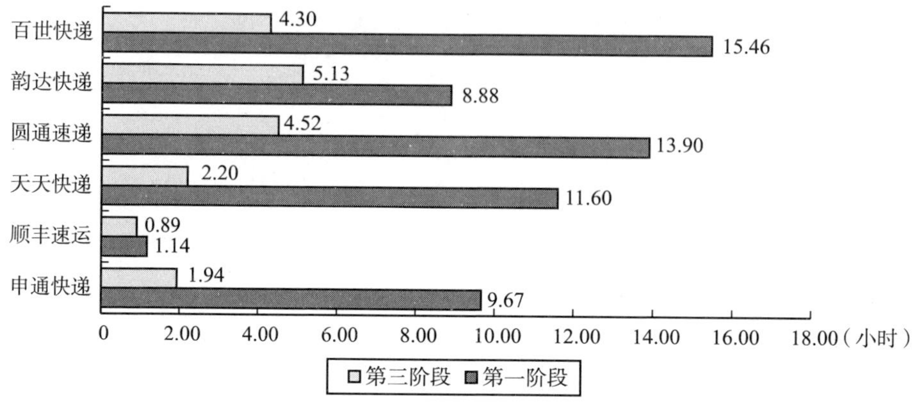

图5－4　B2C电子商务第三方物流企业服务效率值方差

通过分析表5－1与图5－3发现，在B2C电子商务第三方物流企业实际作业的第一阶段，效率最高的是顺丰速运，平均效率值为2.90h；效率最低的是百世快递，平均效率值为10.92h；而申通快递、天天快递、圆通快递、韵达快递的平均效率值相差不大，分别为8.78h、8.13h、8.54h、8.41h，处于相同水平。同时，在第三阶段，顺丰速运的效率也是最高的，平均效率值为2.85h；申通速递的平均效率值为5.85h；天天快递跟圆通速递的平均效率值分别为6.49h、6.58h，处于相同水平；韵达快递与百世快递的平均效率值分别为7.55h、7.54h，处于最差水平。

一组数据的方差可以反映该组数据围绕均值上下波动稳定性，方差越接近于0，则表明这组数据越稳定。通过分析表5－2与图5－4可看出，顺丰速运在第一阶段的效率值波动最小，为1.14，而百世快递的效率值波动最大，为15.46，接近顺丰速运的15倍。同样，在第三阶段，顺丰速运的效率值波动也是最小的，为0.89，尽管此时百世快递4.30的效率值波动不是最大的，但也与波动最大的韵达快递相差无几，处于相似水平。

综合第一阶段跟第三阶段的数据分析，可以看出：顺丰速运的实际作业流程效率最高，效率值稳定性最大；百世快递的实际作业流程效率最低，效率值稳定性最小。也就是说：在本部分统计的六家B2C电子商务第三方物流企业中，服务效率最高、稳定性最好的是顺丰速运，服务效率最低、稳定性最差的是百世快递。

第三节 B2C 电子商务第三方物流企业的瓶颈探讨

通过走访山东财经大学燕山校区附近的顺丰速运与百世快递的网点，得到信息如表 5－3 所示。

表 5－3 B2C 电子商务第三方物流企业网点营运信息统计

B2C 电子商务第三方物流企业	顺丰速运	百世快递
上级网点	华山中转站	遥墙机场中转站
下级网点类型	配送车/配送点	配送点
历下区网点数量	约 10	
下级网点数量	40	约 17
网点工作人员数量	50（40 快递员，10 客服）	25（17 快递员，8 客服）
网点自动化设备数量	0	
网点信息化设备数量	45	5
网点日均来件量	约 2000	约 2800
网点日均发件量	约 800	约 1000
网点来件频率	4 次/日	2 次/日（早上、中午各一次）
网点送件频率	4 次/日	2 次/日
网点发件模式	随接随发	每天晚上发一次
网点分拣模式	人工分拣	

一、顺丰速运运作效率高于百世快递的原因

通过分析表 5－3，得出顺丰速运运作效率高于百世快递的原因，有以下五个方面。

（一）配送模式方面

顺丰速运的配送模式为“城市中转站—社区营业网点——人一车（配送点）”的模式。末端配送时，只有像高校这类人员密集度大的地方采取

配送点代收的方式，便于集中派件，降低配送成本；社区配送全部采用快递员一人一车的模式进行，效率高，服务质量好；百世快递的配送网点有一级网点与二级网点之称，其配送模式为“城市中转站——一级网点（社区营业网点）—二级网点（配送点）”的模式，末端配送采用二级网点（配送点）代收的模式，效率自然低于顺丰速运一人一车的配送模式。

（二）来件频率方面

顺丰速运的来件频率是百世快递的两倍，在快件配送频率均为随进随出的情况下，来件频率高自然使配送频率高，这也是顺丰速运配送高效的原因之一。

（三）信息化设备配备方面

据了解，在中转站来件之后，顺丰速运与百世快递的操作相同，都是按照“肉眼识别—人工分拣—信息化设备扫码上传”的流程操作。顺丰速运一个社区网点的信息化设备配备数量是百世快递的9倍，这直接提高了顺丰速运的运作效率。

（四）发件频率方面

顺丰速运的发件模式为随接随发，相比较于百世快递的每天发一次的频率，对整个实际作业流程的效率提升巨大。

（五）人员配备不合理

尽管相对于当前网点的情况，顺丰速递与百世快递都做到了人尽其用，没有造成劳动力浪费的现象，但是差距如此大的人员配备比例，在一定程度上也是导致顺丰速运世纪作业流程效率高的原因之一。

二、顺丰速运与百世快递在实际运作方面的相同之处

通过分析表5－3，发现顺丰速运与百世快递在实际运作方面的相同之处，有以下三点：

①城市中转站数量相同，社区网点数量相似。

②社区营运网点缺乏自动化设备，分拣方式原始，完全依赖人力，出错率高、分拣效率低。

③网点送件模式为随进随出，一定程度上提高了运作效率。

三、延伸分析

除此之外，通过查阅网上资料得知，顺丰速运采用直营模式，主要由顺丰出资在全国省级城市设立分公司，下面县市设分部，分部下面再设网点；百世快递采用加盟模式，主要由加盟商带资组建网络，加盟商下面还有小加盟商。在企业控制方面，直营模式优于加盟模式，便于企业管理，这也是顺丰速运实际作业效率高于百世快递的原因之一。

四、顺丰速运的不足之处

同样从表 5 - 3 中可以看出，顺丰速运的日平均快件处理数量约为 2800 件，比百世快递的日平均快件处理数量少了大约 1000 件。究其原因在于顺丰速运为保证实际作业的快速、高效，从而在人员、设备、管理等方面的资金投入过大引起的服务费用高。这也反映了我国 B2C 电子商务第三方物流行业的一个瓶颈，即成本与服务水平的矛盾，追求高服务水平必然带来成本高的问题。

五、我国 B2C 电子商务第三方物流企业的瓶颈

作为国内 B2C 电子商务第三方物流行业的佼佼者，顺丰速运效率高，服务质量好的原因主要有配送模式合理、人员配备合理、来件频率高、信息化设备配备合理、发件频率高以及直营模式便于管理六个方面，这也是发展不如顺丰速运的其他 B2C 电子商务第三方物流企业的瓶颈所在。而顺丰速运与百世快递在基层网点缺乏自动化设备的问题、顺丰速运追求高效率、高服务水平以及其直营模式引起的成本高的问题，则也一定程度上反映了我国 B2C 电子商务第三方物流企业的瓶颈。

综上所述，现将我国 B2C 电子商务第三方物流企业的瓶颈总结为以下三个方面：

第一，设备方面。该方面主要指我国 B2C 电子商务第三方物流企业基层网点自动化设备缺乏、信息化设备投入不足引起的对人力依赖性大、分拣效率低、出错率高的问题。

第二，人员方面。该方面主要指的是我国B2C电子商务第三方物流企业在营业网点人员配备不合理，从而导致低效现象产生。

第三，管理方面。该方面指的是我国B2C电子商务第三方物流企业在企业经营模式的选择，如加盟模式还是直营模式；实际作业模式的确定，如配送方式是一人一车配送还是二级网点（配送点）配送；来件、发件频率的设定等方面的不同决策引起的效率问题。

第四节 优化策略

一、设备方面

针对我国B2C电子商务第三方物流企业基层网点自动化设备缺乏、信息化设备投入不足引起的对人力依赖性大、分拣效率低、出错率高的问题。企业应在设备方面提高自动化、智能化设备的普及度，从而降低对人力的依赖度、分拣出错率，一定程度上提高实际作业的效率与服务水平。

二、人员方面

针对我国B2C电子商务第三方物流企业在营业网点人员配备不合理，从而导致低效现象这一问题，企业应该结合当前的业务数据，对营业网点覆盖范围内的需求情况综合分析，从而在人员配备上做调整，进而使自己企业营业网点的服务能力达到最优。

三、管理方面

针对此问题，企业应该结合自己企业的实际情况，综合资金、设备、人员等方面的具体情况，在经营模式上选择直营模式、加盟模式或者两者结合的全新模式；在实际作业模式的确定中调整配送方式、收发件频率；进而提升企业的实际作业效率、提升服务质量。

第五节 小 结

电商企业构建了一个虚拟的网络销售平台，要使这个虚拟平台“落地”就必须借助一张高效的物流配送网，所以说电子商务生存与发展的命脉是高效的物流配送。

本章通过了解当前我国 B2C 电子商务第三方物流企业的实际作业现状，从而对我国 B2C 电子商务第三方物流企业的实际作业流程进行阶段划分，将完整的 B2C 电子商务第三方物流企业的实际作业流程分为第一阶段、第二阶段、第三阶段，并采取随机询问的方式，对当前业内的六家 B2C 电子商务第三方物流企业的三阶段业务数据进行收集。通过可行性分析得出分析价值较大的是第一、第三阶段，并进行重点分析。采用求均值、做方差的方法进行服务效率、服务效率的稳定性对比。最终分析得出服务最优企业顺丰速运与最差企业百世快递。从而确定本章的重点分析对象。

之后通过分析本章收集数据与实地访问的方式，对顺丰速运与百事快递的实际作业运作现状进行分析与对比，发现顺丰速运效率高，服务质量好的原因主要有配送模式合理、人员配备合理、来件频率高、信息化设备配备合理、发件频率高以及直营模式便于管理六个方面。这也是发展不如顺丰速运的其他 B2C 电子商务第三方物流企业的瓶颈所在。而顺丰速运与百世快递在基层网点缺乏自动化设备的问题、顺丰速运追求高效率、高服务水平以及其直营模式引起的成本高的问题，则也一定程度上反映了我国 B2C 电子商务第三方物流企业的瓶颈。

针对提出的 B2C 电商物流的瓶颈，本节从设备、人员、管理三个方面对我国 B2C 电商物流的瓶颈解决问题提出初步的优化策略，希望对我国 B2C 电子商务第三方物流企业的发展与进步起到作用。

随着中国信息化工业化的逐步推进，越来越多的无人工厂出现，设备在 B2C 电商物流方面所占比重越来越大，因此我们需要针对设备进行更加深入的研究，才能更好促进 B2C 电商物流的发展。

第六章

B2C 电商物流中心智能作业系统选择与评价

B2C 电商物流中心智能作业系统，是指在物流中心内部可完成商品的存储、运输、包装、加工、装卸、搬运的一系列智能设备。选择一套适合的作业系统，有助于加快商品流通速度、降低物流费用。

如何选择适合的设备并对设备进行评价是本章的研究重点。依据电商物流需求特点，对 B2C 电商物流的两大自动化系统的作业流程和设备作业进行分析，通过构建模型，完成设备的选择。从效率、反应速度等方面界定系统评价的指标和方法，构建两者的仿真模型，根据评价指标，对两系统进行横向比较，得到了不同参数变化对两系统效率和反应速度等指标的影响。

通过实证研究，本章提出的设备挑选策略与设备评价策略对提升物流中心作业效能，降低费用有重大贡献。

第一节　基于随机订单的 AS/RS 作业时间建模

一、拣选作业模式分类

电商物流的订单特性及行业服务要求，决定了其订单拣选作业的复杂性、严密性，因此需要选择合适的拣选作业模式。订单拣选模式可从不同角度进行细分，传统主要根据订单是否合并将订单拣选作业分为摘果式和播种式两种。本章将主要分析作业人员和货物的运动情况，将其分为人到货模式、人到货到人模式、货到人模式三类。

（一）人到货（man to good，M2G）模式

“人到货”作业模式，是指作业人员根据订单指示，依次到货架前进行拣选作业。

在 B2C 电商行业，由于订单量较多，信息系统一般先将路径相似的订单进行合并，然后一个人进行批量处理，具体合并的订单数量取决于产品的物理属性和拣货车辆的容积，可以是 4 单/车，也可以一车 20 单/车，甚至更多。该模式一般不再需要进行二次分拣作业。拣货员依次按照固定路线推着固定数量货格车辆（见图 6－1）将不同 SKU 的产品拣选，边摘果边播种，所有订单拣选完后直接进入后端完成打包、配送等环节。

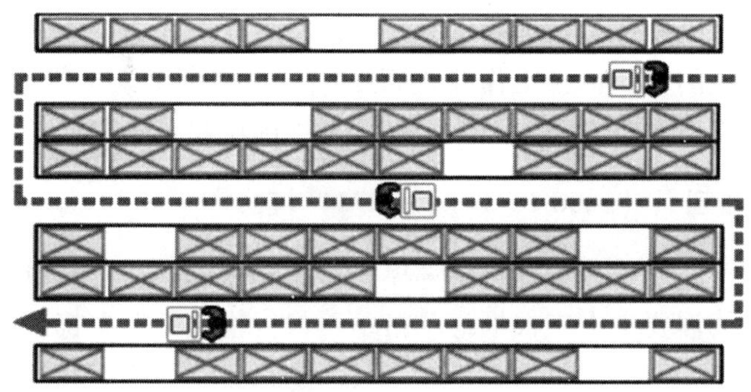

图 6－1　M2G 拣选作业

M2G 拣选模式适合小件商品，如服装、化妆品、3C 产品等。随着 SKU 的增加，拣选区域面积增加，导致拣选人员行走距离增长，拣选效率相对较低。根据对国内两家知名 B2C 电商物流中心的调研数据，高峰期每天拣货效率可达 200 单/人天，淡季大约 60 单/人天。

（二）人到货到人（man to good to man，M2G2M）模式

为了减少拣选人员行走距离，提高订单拣选效率及拣选准确性，可对 G2M 拣选模式进行改进，即用输送机等自动化物流设备代替人员行走，提高作业人员的满意度。首先系统对订单进行处理，作业人员 A 根据电子标签、拣选灯等信息设备的指示，将需要拣选的物品按照数量要求从货架中取出，并将其放到输送设备上；再由作业人员 B 在根据每个订单数据，将拣选出的物品进行播种，放到每个订单的储存容器内（作业原理见图 6－2）。这就形成了 M2G2M 拣选模式。

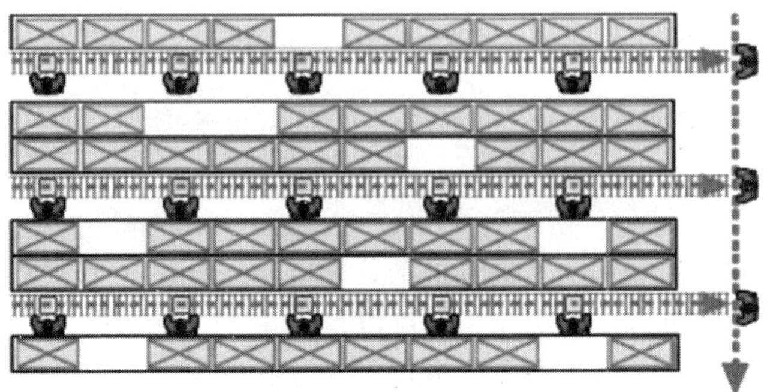

图6－2　M2G2M拣选模式作业示意

和M2G模式相比，M2G2M模式增加了作业环节，由原来的一次拣选作业变为先批量拣选后播种的作业模式；但是由于部分采用了自动化物流设备和信息化的支持，员工作业进行了细分，提高了人员作业的精准性；同时由于员工行走距离大大降低，提高了拣选作业效率。

（三）货到人（good to man，G2M）模式

前两种模式属于非自动化拣选模式，无论是单个客户订单或者是合并后的订单，均需要由人工根据订单指示，将货物从货架中拣选出来。这个作业是物流中心使用人员最多，作业时间最长，作业成本最高的环节，也是影响订单处理及时性和可靠性的重要环节。

目前国内外知名物流设备供应商提出了G2M拣选模式（作业原理见图6－3），即使用全自动物流设备代替人员，实现物品的拣选，并将拣选出的物品移动到播种作业区，拣货员再根据每个订单的需求进行播种作业，即“二次分拣”（播种台见图6－4），最终完成包装、配送的环节。

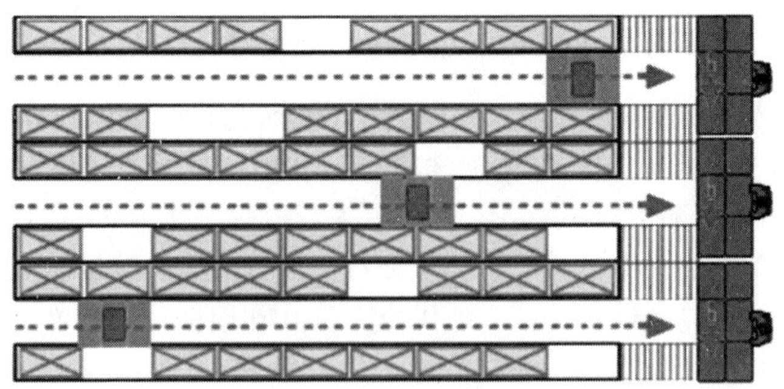

图6－3　G2M模式作业示意

图 6-4 GTM 模式播种台

目前，实现 G2M 拣选模式主要有三种实现方案。一是利用 AGV 等搬运车辆，搬运出库物品所在货架，至拣选人员，以 A 公司的 Kiva 机器人为典型代表；二是采用通用性较强的堆垛机，通过调节堆垛机货叉间的宽度，能够实现对料盒、料盘、纸箱等的自动拣选出入库作业，从而满足电商多品项需求，以 D 公司的拣选型堆垛机为典型代表；三是采用以“穿梭车 + 提升机”组合的 AVS/RS 系统（见图 6-5），由多台穿梭车并行作业，完成物品的水平运动，提升机完成物品的垂直运动，满足 B2C 电商快速出库的需求。以国内 L 公司为典型代表。

图 6-5 利用“穿梭车 + 提升机”实现 GTM 拣选模式

二、自动存取及拣选设备分类

（一）自动存取及拣选设备的分类

AS/RS是由高层货架子系统、存取及提升搬运子系统、信息识别及控制管理子系统等组成的自动化系统，其中存取及提升搬运子系统是AS/RS的核心部分，其作业效率及可靠性决定了整个系统的出入库效率。存取及提升搬运子系统常用的机械设备包括各种堆垛起重机、高架叉车、辊式或者链式输送机、巷道转移台车、升降机、自动引导小车、穿梭车等搬运设备和输送设备以及货箱托盘等。

存储系统可从不同角度进行分类。按设备自动化程度可分为人工、半自动和全自动；按照货架布局可分为宽巷道、窄巷道和密集式仓储；按照存储物品类型可分为托盘式货架、周转箱式和特殊物品货架；按照货架结构，可分为重力式货架、贯通式货架、阁楼式货架、悬臂式货架和抽屉式货架等；按照货架高度可分为低层、中层和高层。

按货物存取原理分类，可分为两类主动存取和被动存取两种。“主动式”存取工作模式是指“设备不动，货物运动”工作模式，上文提到的利用穿梭车/RGV小车来使货物能够自发运动到指定位置，再结合提升机完成存取作业以及通用型堆垛机完成存取作业的模式，均成为主动式作业模式。

从自动拣选系统功能集中程度分，可分为集中式拣选系统和分散式拣选系统。集中式拣选系统为主要是指硬件、软件等机械设备在空间上功能集成，由单一设备执行串行系列作业的拣选系统，以拣选型堆垛机为典型代表；分散式拣选系统是指通过控制系统将分散的硬件、软件、信息、数据等统一起来，由多个设备共同完成拣选出入库等任务，前文提到的AVS/RS（见图6-5），是由多个RGV小车和提升机共同完成货物的出入库，本书定义为分散式系统。

（二）集中式AS/RS作业原理

由于先进的电商自动仓储系统一般具有分拣系统功能，实现仓储分拣的集成，因此现有的配送中心仓储及分拣系统的设计中，将订单分拣操作集成到自动仓储系统中的轻型自动存取系统（mini-load automated storage and retrieval system，Mini-load AS/RS）是最接近电商需求的。

以 Mini-load AS/RS 为代表的机电一体化智能存取系统，将提升、搬运、存取功能集成化，是集中式存取系统的典型代表。该系统适合以周转箱（trays，totes and cartons）为单位的物品管理的自动仓储系统，实现周转箱密集式存储，具有重量轻，速度高等优点，可以大幅提高周转箱的出入库效率，因此在电商领域应用较多。

Mini-load AS/RS 主要由轻型堆垛机（mini-load stacking machine）、货架（goods shelves）及电器控制系统组成，其中轻型堆垛机（见图 6－6）为系统的核心设备。

图 6－6　轻型堆垛机

轻型堆垛机是能够实现自动控制、可重复编程、多功能、多自由度的操作机，其根据程序指令，可在一定区域内依次串行完成识别、取放、提升及搬运等作业。由于存取、提升及搬运等作业都由直角坐标机器人独自完成，因此将其定义为集中式自动分拣系统。

Mini-load AS/RS 的作业流程是，首先轻型堆垛机对需要入库的单元进行识别，WMS 系统会给存储单元分配一个货位，轻型堆垛机通过 WMS、WCS、PLC 程序指令，依次抓取、提升、搬运，将存储单元运送至指定货位，入库作业完成；然后依据指令运行至另一货位，依次进行取货、搬运，将存储单元运送至出库口，出库作业完成。集中式存取作业原理如图 6－7 所示。

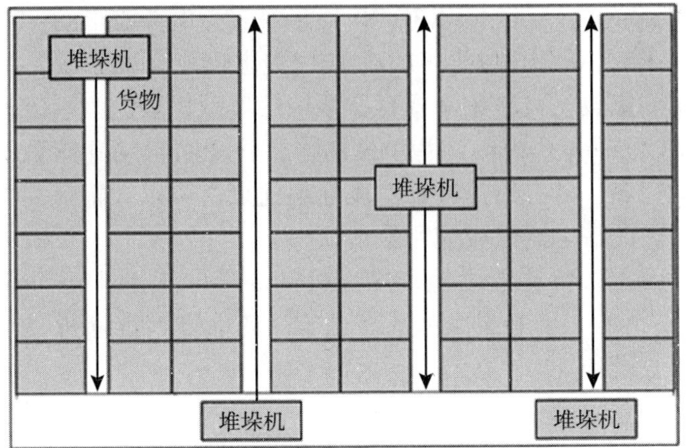

图6－7　集中式AS/RS作业

（三）分散式AS/RS作业原理

多穿系统，即多层穿梭车自动仓储系统（multi-tier shuttle warehousing system，MSWS），是适合以周转箱（trays，totes and cartons）为单位的物品管理的自动仓储系统，不仅实现周转箱密集式存储，而且具有重量轻，速度高等优点，可以大幅提高周转箱的出入库效率，在B2C电商物流领域应用较多。

MSWS具有并行取货、串行出库的特点，与传统自动化立体仓库的作业模式区别很大，是分散式自动存取系统的典型代表，三维仿真现场图如图6－8所示。

图6－8　分散式AS/RS（MSWS）现场作业

多穿系统用穿梭车（shuttle）来代替能在整个水平平面运动的轨道导引车辆，保留了传统堆垛机式的自动化立体仓库中巷道的概念。在多穿系统中，每层货架有一辆穿梭车，穿梭车不能跨巷道运动，每台提升机只负责一个巷道内的垂直运动，用“穿梭车＋提升机”的组合来代替堆垛机（图 6－9 和图 6－10 分别为多穿系统俯视图及侧视图）。

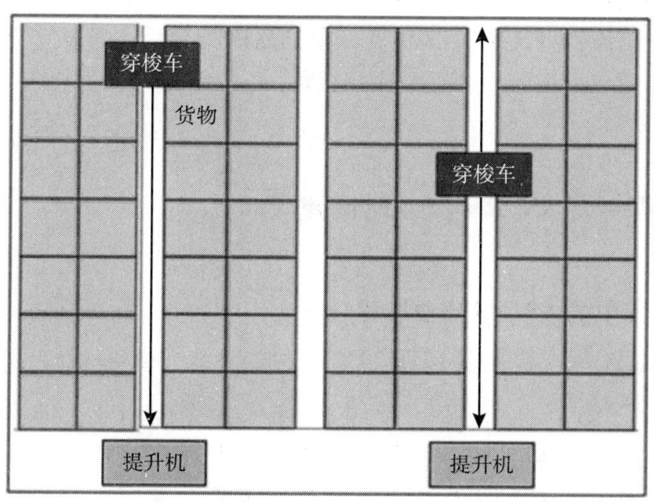

图 6－9　分散式 AS/RS（MSWS）作业（俯视）

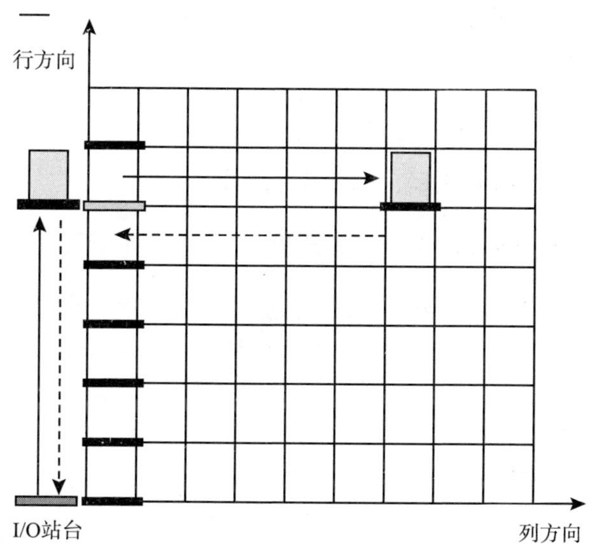

图 6－10　分散式 AS/RS（MSWS）作业（侧视）

由于穿梭车的特性，MSWS一般采用了密集式存储，不仅增加物品储存密度，减少空间占用，该系统满足B2C电商物流中心的需求；而且还具有高度的灵活性和出色的周转效率，满足高吞吐量、高柔性、高密度动态货物存取需求。

多穿系统将不同储存单元经过扫码识别后，获取系统分配的货位；由提升机将存储单元提升至指定货位的层；然后由穿梭车将存储单元搬运至指定货位。出库作业流程与其相反，收到出库指令后，穿梭车运行至指定货位，将存储单元取出，然后搬运至暂存区；由提升机完成物品的下降，出库作业完成。

三、集中式AS/RS作业时间建模

（一）集中式AS/RS作业流程分析

集中式AS/RS为串行作业系统，首先，它只能依照系统产生指令时间的顺序，即P_1，P_2，…，P_n的顺序依次完成作业，即串行进行存取作业；其次，对单一指令的作业，也是按照次序依次完成，是一系列动作的串行组合。例如入库作业，识别、叉取、搬运、放货和返回，依次进行。

集中式AS/RS的优点在于产品智能化，集成度高，动态性好，适应性强，可满足不同形状、不同规格的自动存取作业；缺点表现在由于是单一设备，一旦出现故障将导致整个系统瘫痪，停止工作。另外，从理论上讲，串行作业系统的效率低于并行作业系统。

集中式AS/RS作业流程，如图6－11所示。

（二）集中式AS/RS作业动作分析

对集中式AS/RS堆垛机存取作业进行动作分解，分析每项作业及动作的时间，构建系统的作业时间模型，以便后文分析系统的作业效率。

堆垛机作业主要分为设备移动（无负载）、货物（货位）识别、叉取、移动、放货和等待。货物识别作业的动作分为货物（货位）寻找和品项识别；叉取货物分为伸叉和抬叉；搬运货物移动动作可细分为水平行驶和货物提升，两者是并行作业；放货分为落叉和货叉收回，具体见表6－1。

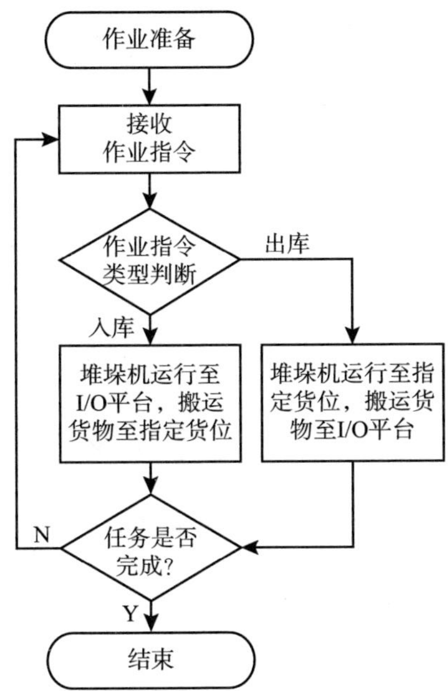

图6-11 集中式AS/RS作业流程

表6-1 集中式AS/RS作业动作构成表

作业设备	作业	完成时间	动作组成
堆垛机	设备移动（无负载）	t_{11}	水平移动
			垂直移动
	货物搬运	t_{12}	水平移动
			垂直移动
	货物/货位识别	t_{13}	识别
	叉取货物	t_{14}	伸叉
			抬叉
			货叉收回
	放货	t_{15}	伸叉
			落叉
			货叉收回
	等待	t_{16}	等待指令

（三）相关变量设计

1. 货架及指令相关参数设计

指令由3部分组成，包括指令类型 P_i，指令的下达时间及 PT_i 作业位置 L_i。

P_i——作业指令类型，分为入库和出库，且每个作业的类型相互独立，取

$$P_i=\begin{cases}1, & \text{入库作业}\\ -1, & \text{出库作业}\end{cases} \tag{6-1}$$

$L_i(x_i, y_i, z_i)$——第i个作业指令的存/取位置；x_i 代表列，y_i 代表层，z_i 代表巷道；

PT_i——两种模式下，第i个指令的下达时间。

K——巷道数量；

F——货架层数；

C——货架列数。

2. 设备相关参数设计

v_{x1}——堆垛机水平运动速度的最大值；

v_{y1}——堆垛机垂直运动速度的最大值；

a_{x1}——堆垛机水平运动的加速度；

a_{y1}——堆垛机垂直运动的加速度；

3. 作业相关参数设计

t_i^{x1}——堆垛机第i次水平运动的时间；

t_i^{y1}——堆垛机第i次垂直运动的时间；

t_i^{11}——堆垛机执行第i个指令的去程移动时间；

t_i^{12}——堆垛机执行第i个指令的返程移动时间；

t_i^{21}——提升机执行第i个指令的去程移动时间；

t_{ss}——设备伸叉/货叉收回的作业时间；

t_{tl}——设备抬叉/落叉的作业时间；

OT_i^S——集中式系统即堆垛机完成第i个指令的作业时间；

WT_i^S——集中式系统堆垛机执行第i个指令的等待时间；

$TotalT_i^S$——表示集中式系统完成i个订单的总作业时间。

4. 相关假设

为便于计算，特提出以下假设：

①设备扫描读取信息的时间很短，可忽略不计；

②设堆垛机伸叉和货叉收回的作业时间 t_{ss} 为固定值且相等；抬叉和落叉的作业时间 t_{tl} 均为固定值，也均相等；

③假设设备空载和负载的移动速度相同；

④设备完成作业指令后，原地不动，直至收到下一条作业指令；

⑤为便于计算，设货格长、宽、高均为 1 米。每个货位 x 轴坐标和 z 轴坐标以该位置中心点来计算；货位 y 轴坐标以该位置最低点来计算。

⑥设堆垛机/提升机出入库端点位置为（0，0，0）。

（四）堆垛机作业轨迹分析

堆垛机作业指令类型分为入库和出库，当多命令作业时，由于前一个作业完成后堆垛机的位置是下一个作业的开始位置，因此前一个作业指令类型对后一个指令的设备移动路线具有影响。根据前后两个之类的组合类型，可将堆垛机的移动轨迹分为 4 类：前后均为入库作业，前后均为出库作业，前者入库后者出库和前者出库后者入库。

当 P_{i-1} 为入库作业，堆垛机执行完 P_{i-1} 指令，停止在该入库位置 L_{i-1}。如果 P_i 为入库作业，则堆垛机首先运行至 I/O 取货，然后搬运货物至指定货位 L_i（见图 6 – 12）；反之，如果 P_i 为出库作业，则堆垛机首先运行至指定货位 L_i，取货后搬运货物至 I/O（见图 6 – 13）。当 P_{i-1} 为出库作业，堆垛机执行完 P_{i-1} 指令，停止在 I/O。如果 P_i 为入库作业，则堆垛机直接取货，然后搬运货物至指定货位 L_i（见图 6 – 14）；反之，如果 P_i 为出库作业，则堆垛机首先运行至指定货位 L_i，取货后搬运货物至 I/O（见图 6 – 15）。

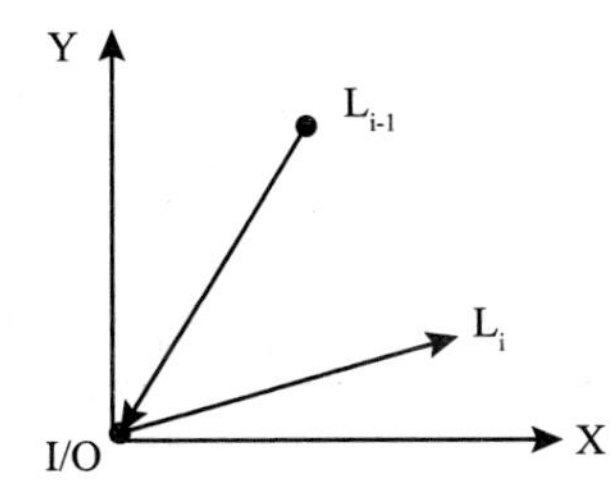

图 6 – 12　前后均为入库堆垛机轨迹

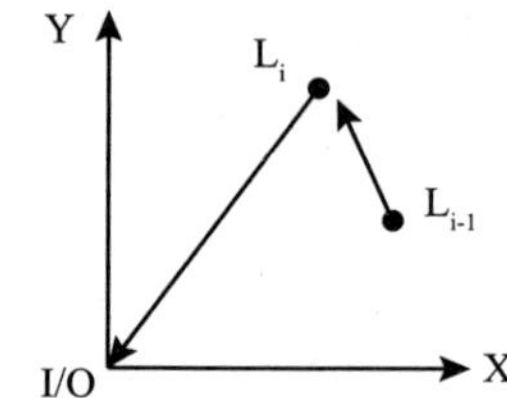

图6－13　前者入库后者出库堆垛机轨迹

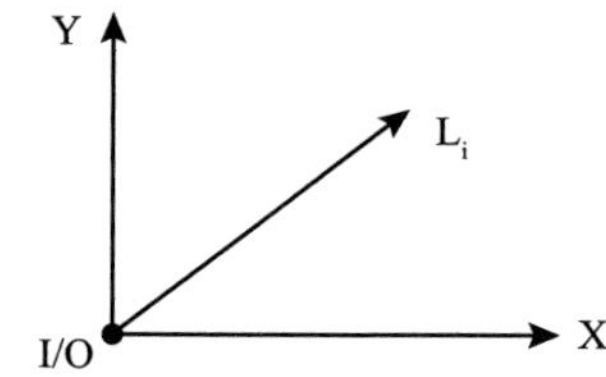

图6－14　前者出库后者入库堆垛机轨迹

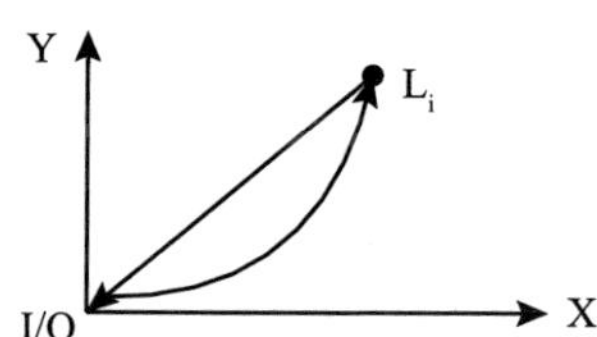

图6－15　前后均为出库堆垛机轨迹

根据作业指令分析图，可以得到四种情况下堆垛机执行第i个指令往和返的两次移动距离，见表6－2。

表6－2　不同作业指令组合情况下的堆垛机横向及纵向运行距离

作业指令类型	L_{ix}^{11}	L_{iy}^{11}	L_{ix}^{12}	L_{iy}^{12}
$p_{i-1}=1 \cap p_i=1$	z_{i-1}	y_{i-1}	z_i	y_i
$p_{i-1}=1 \cap p_i=-1$	$\lvert z_i-z_{i-1} \rvert$	$\lvert y_i-y_{i-1} \rvert$	z_i	y_i
$p_{i-1}=-1 \cap p_i=1$	0	0	z_i	y_i
$p_{i-1}=-1 \cap p_i=-1$	z_i	y_i	z_i	y_i

（五）堆垛机运行时间建模

堆垛机水平及垂直移动的距离、移动速度及加速度三者共同决定了作业的时间。为方便计算，将堆垛机的水平和垂直移动进行分解。以水平运动为例，来介绍其运行速度与移动距离的关系。

如图 6－16 所示，根据移动距离 L_x 的大小，运行速度可分为 3 种情况，第一，从 0 加速到达最大速度前降速至 0；第二，从 0 加速至最大速度然后降速至 0；第三，从 0 加速至最大速度，保持一段时间后降速至 0。针对 3 种情况，计算水平移动时间。设水平移动距离为 L_X，垂直移动距离为 L_y，则 t^{x1} 为水平移动时间，t^{y1} 为垂直移动时间，则 t^{x1} 计算见式（6－3）；同理，垂直移动时间 t^{y1} 见式（6－4）。

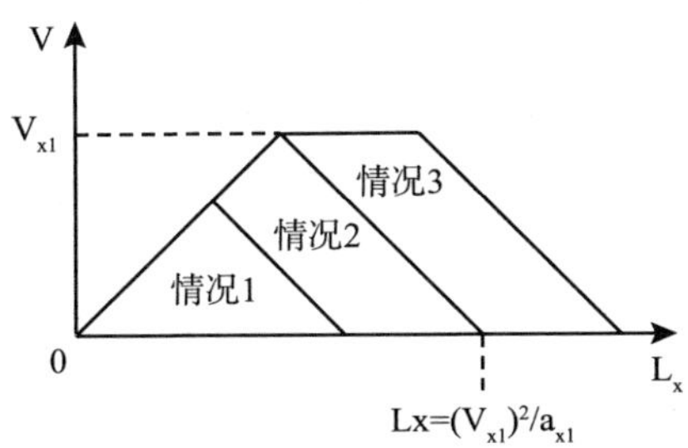

图 6－16 堆垛机水平运行速度和距离的关系

t_{12}计算公式和 t_{11} 相同，取水平和垂直时间的最大值。

$$t_{11}=\max(t_{11}^{x1},\ t_{11}^{y1}) \tag{6－2}$$

$$t^{x1}=\begin{cases}2\sqrt{\dfrac{L_x}{a_{x1}}}, & L_x\leqslant\dfrac{v_{x1}^2}{a_{x1}}\\[2ex]\dfrac{L_x}{v_{x1}}+\dfrac{v_{x1}}{a_{x1}}, & L_x>\dfrac{v_{x1}^2}{a_{x1}}\end{cases} \tag{6－3}$$

同理，

$$t^{y1}=\begin{cases}2\sqrt{\dfrac{L_y}{a_{y1}}}, & L_y\leqslant\dfrac{v_{y1}^2}{a_{y1}}\\[2ex]\dfrac{L_y}{v_{y1}}+\dfrac{v_{y1}}{a_{y1}}, & L_y>\dfrac{v_{y1}^2}{a_{y1}}\end{cases} \tag{6－4}$$

（六）集中式 AS/RS 单指令作业时间建模

为集中式 AS/RS 建立随机订单驱动下的作业时间建模，该模型具有同时满足作业类型随机、作业时间随机、出入库储位随机（品项随机）的条件。

堆垛机执行第i个指令的作业时间OT_i^S，可分解为堆垛机的往和返的移动时间及4次伸叉/回叉时间t_{ss}和2次抬叉/落叉时间t_{tl}之和，见式(6-5)。

$$OT_i^S = t_{i11} + t_{i12} + 4t_{ss} + 2t_{tl} \tag{6-5}$$

由于t_{ss}和t_{tl}均为常量，式（6-4）主要由堆垛机往返移动时间t_{i11}和t_{i12}决定，而往、返移动的水平和垂直移动距离见表2-4，根据移动距离和式（6-1）、式（6-2）、式（6-3），计算出OT_i^S。

（七）集中式AS/RS多指令作业时间建模

如图6-17所示，集中作业模式下，随机订单驱动的系统总作业时间由堆垛机执行指令时间和等待时间组成，模型如下：

$$TotalT_N^S = \sum_{i=1}^{N} OT_i^S + \sum_{i=2}^{N} WT_i^S \tag{6-6}$$

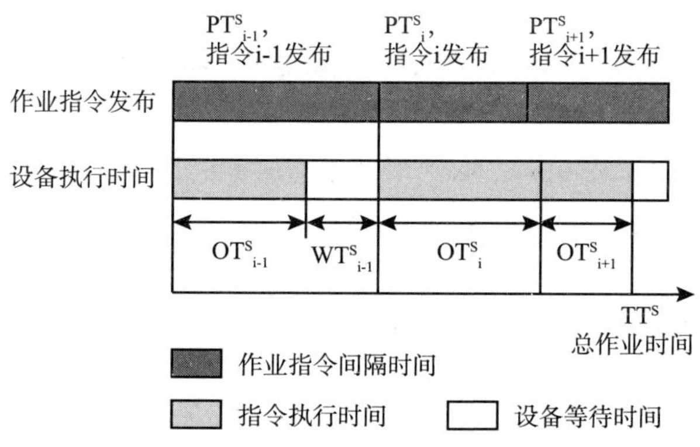

图6-17 集中式AS/RS设备作业时序

由于是随机订单驱动，需引入订单下达时间PT_i，根据集中式AS/RS作业时序图可看出WT_i^S是由i-1指令的作业结束时间和i指令的下达时间共同决定，因此将式（6-6）转换成式（6-7），仅需计算OT_i^S。

$$TotalT_i^S = Max(TotalT_{i-1}^S,\ PT_i) + OT_i^S \tag{6-7}$$

根据（六），计算出OT_i^S，进而可以得出$TotalT_i^S$。

四、分散式 AS/RS 作业时间建模

（一）分散式 AS/RS 作业流程分析

与集中式 AS/RS 所对应的是分散式 AS/RS，其采用并行作业模式，以 MSWS 为例来说明其作业工作原理。

首先，设提升机和穿梭车均机处于初始状态时，等待任务执行。当接收到第一个作业指令 P_1 时，首先进行作业判断。如果是入库作业指令，提升机移动至入库暂存平台，通过扫描其条形码进行产品识别；叉取待入库物品单元；仓储管理系统（warehouse management system，WMS）给该入库物品单元分配货位，然后提升机根据系统指令将该物品单元提升至指定货位所在层的巷道端点，提升机等待下一条指令；该层的穿梭车移动巷道端点，叉取货物单元，并将其移动至 WMS 分配货位，入库作业完成，作业过程结束，等待下一个任务指令 P_2。

反之，如果设备收到出库作业指令，由穿梭车移动至 WMS 指定的待取货物货位，叉取待出库物品单元，移动到该货位所在层的巷道端点，穿梭车等待下一条指令；提升机提升至该层巷道端点，叉取该货物单元，将其降落到出库暂存平台，出库作业完成，作业过程结束，等待下一个作业指令 P_2。

第 2 个指令 P_2 的作业过程与 P_1 相同，P_2 任务完成后，继而根据 P_3，P_4，…，P_n 指令进行作业，直至任务结束。分散式 AS/RS 作业流程如图 6 - 18 所示。

与集中式 AS/RS 的串行作业不同，MSWS 为并行作业系统。首先，虽然提升机依据指令 P_3，P_4，…，P_n，依照将物品提升或降落，但提升机和穿梭车为并行作业；其次，该系统具有多个穿梭车，多个穿梭车也为并行作业。MSWS 中穿梭车的数量可根据作业频率来合理设计。在 B2C 电商系统中，由于订单密度较大，为提升作业效率，一般每层均配备一台穿梭车。

分散式 AS/RS 的优点是采用并行作业，出入库作业速度较高，可靠性强，系统柔性大，缺点是提升机效率对系统整体效率影响较大。

分散式 AS/RS 作业流程如图 6 - 19 所示。

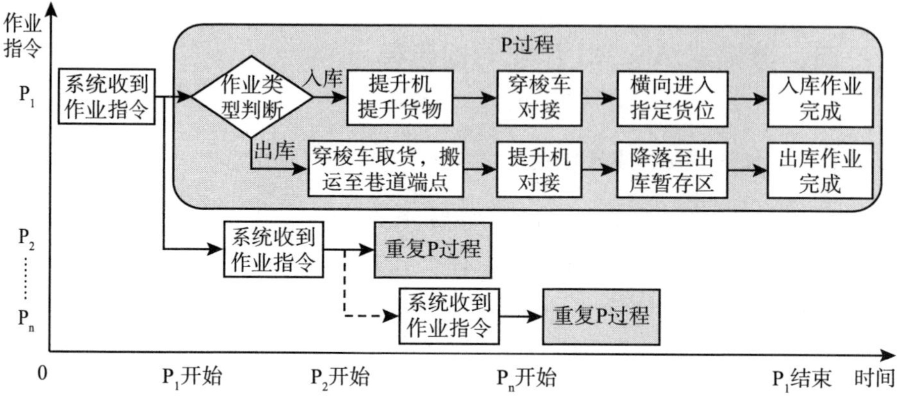

图6-18 分散式AS/RS（并行）作业流程

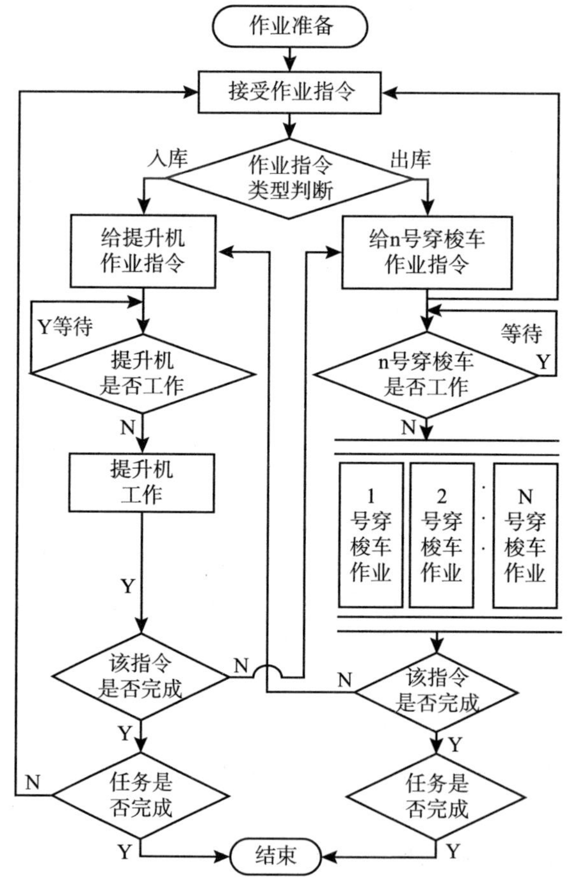

图6-19 分散式AS/RS作业流程

（二）分散式 AS/RS 作业动作分析

对分散式 AS/RS 的作业进行动作分解，分析每项作业及动作的时间，构建系统的作业时间模型，以便后文分析系统的作业效率。

分散式 AS/RS 的作业和堆垛机作业动作构成比较相似，但作业完成的主体和堆垛机不同。提升机作业主要分为设备提升和降落（分为无负载和载货）、货物（货位）识别、叉取、放货和等待。货物识别作业的动作分为货物（货位）寻找和品项识别；叉取货物分为伸叉和抬叉；放货分为落叉和货叉收回。穿梭车作业主要分为行走（分为无负载和载货）、货物（货位）识别、叉取、放货和等待。和提升机相同，货物识别作业的动作分为货物（货位）寻找和品项识别；叉取货物分为伸叉和抬叉；放货分为落叉和叉收回，具体见表 6－3。

表 6－3　　MSWS（分散式 AS/RS）作业动作构成

作业设备	完成时间	作业	完成时间	动作组成
提升机	OTE_i^P	提升/降落（去程）	t_{21}	垂直移动
		提升/降落（返程）	t_{22}	垂直移动
		货物/货位识别	t_{23}	读码识别
		叉取货物	t_{24}	伸叉
				抬叉
		放货	t_{25}	落叉
				货叉收回
		等待	t_{26}	等待指令
穿梭车	OTS^P	水平行驶（去程）	t_{31}	水平移动
		水平行驶（返程）	t_{32}	水平移动
		货物/货位识别	t_{33}	读码识别
		叉取货物	t_{34}	伸叉
				抬叉
				货叉收回
		放货	t_{35}	伸叉
				落叉
				货叉收回
		等待	t_{36}	等待指令

（三）相关变量设计

P_i、$L_i(x_i, y_i, z_i)$、(C, F, K)、L_i^x、L_i^y、t_{ss}、t_{tl}、PT_i 同本节第三部分。

1. 设备相关参数

v_{x2}——穿梭车水平运动速度的最大值；

a_{x2}——穿梭车水平运动的加速度；

v_{y2}——提升机垂直运动速度的最大值；

a_{y2}——提升机水平运动的加速度。

2. 作业相关参数

t_i^{y2}——提升机第 i 次垂直运动的时间；

t_i^{21}——提升机执行第 i 个指令的去程移动时间；

t_i^{22}——提升机执行第 i 个指令的返程移动时间；

t_i^{x2}——穿梭车第 i 次水平运动的时间；

t_i^{31}——穿梭车执行第 i 个指令的去程移动时间；

t_i^{32}——穿梭车执行第 i 个指令的返程移动时间；

OT_i^p——分散式系统完成第 i 个指令的作业时间；

OTE_i^p——分散式系统提升机完成第 i 个指令的作业时间；

WTE_i^p——分散式系统提升机执行第 i 个指令的等待时间；

PTE_i——分散式系统，纵向指令（提升机）第 i 个指令的下达时间；

PTS_i^h——分散式系统，第 h 台穿梭车第 i 个指令的下达时间；

OTS_i^p——分散式系统穿梭车完成第 i 个指令的作业时间；

$TotalT_i^P$——表示分散式系统完成 i 个订单的总作业时间。

设提升机出入库端点位置为（0，0，0），第 m 层穿梭车出入库端点位置为（0，m－1，0）。其余关于货架、设备等相关假设，和集中式 AS/RS 相同，参考本节中的第二部分。

（四）穿梭车和提升机作业轨迹及运行时间分析

1. 运行轨迹分析

穿梭车和提升机的作业指令类型均分为入库和出库，和集中式 AS/RS 相同，多命令作业时，前一个作业指令类型对后一个指令的设备移动路线具有影响。根据前后两个之类的组合类型，可将穿梭车和提升机的移动轨迹分为 4 类：前后均为入库作业，前者入库后者出库，前者出库后者入库和前后均为出库作业。以上四种情况下，提升机和穿梭车执行第 i 个指令往返两次移动距离，见表 6-4。

表 6-4　不同作业指令组合情况下的设备横向及纵向运行距离

作业指令类型	穿梭车		提升机	
	L_{ix}^{21}	L_{ix}^{22}	L_{iy}^{31}	L_{iy}^{32}
$p_{i-1}=1\cap p_i=1$	z_{i-1}	z_i	y_{i-1}	y_i
$p_{i-1}=1\cap p_i=-1$	$\mid z_i-z_{i-1}\mid$	z_i	$\mid y_i-y_{i-1}\mid$	y_i
$p_{i-1}=-1\cap p_i=1$	0	z_i	0	y_i
$p_{i-1}=-1\cap p_i=-1$	z_i	z_i	y_i	y_i

2. 运行时间分析

和堆垛机作业时间相似，穿梭车的运行时间由水平移动的距离、移动速度及加速度三者共同决定，提升机的运行时间由垂直移动的距离、移动速度及加速度三者共同决定。

根据移动距离 L_x 和 L_y 的大小，穿梭车和提升机的运行速度均可分为 3 种情况，第一种，从 0 加速到达最大速度前降速至 0；第二种，从 0 加速至最大速度然后降速至 0；第三种，从 0 加速至最大速度，保持一段时间后降速至 0。

穿梭车的运行时间计算 t_{21} 如式（6-8）所示，t_{22} 计算公式和 t_{21} 相同。

$$t_{21}=\begin{cases}2\sqrt{\dfrac{L_x}{a_{x1}}},\ L_x\leqslant\dfrac{v_{x1}^2}{a_{x1}}\\[2ex]\dfrac{L_x}{v_{x1}}+\dfrac{v_{x1}}{a_{x1}},\ L_x>\dfrac{v_{x1}^2}{a_{x1}}\end{cases}\tag{6-8}$$

同理，提升机的运行时间计算 t_{31} 如式（6-9）所示，t_{32} 计算公式和 t_{31} 相同。

$$t_{31}=\begin{cases}2\sqrt{\dfrac{L_y}{a_{y1}}},\ L_y\leqslant\dfrac{v_{y1}^2}{a_{y1}}\\[2ex]\dfrac{L_y}{v_{y1}}+\dfrac{v_{y1}}{a_{y1}},\ L_y>\dfrac{v_{y1}^2}{a_{y1}}\end{cases}\tag{6-9}$$

（五）分散式AS/RS单指令作业时间建模

设分散式AS/RS完成第i个指令作业的时间为OT_i^P，穿梭车完成i个指令作业的时间为OTS_i^P，提升机完成i个指令作业的时间为OTE_i^P，则：

$$OT_i^P = OTS_i^P + OTE_i^P \tag{6-10}$$

穿梭车第i个指令的作业时间OTS_i^P，根据动作分解，包括提升机往/返的移动时间及4次伸叉/回叉时间t_{ss}和2次抬叉/落叉时间t_{tl}之和，见式（6－11）：

$$OTS_i^P = t_{i21} + t_{i22} + 4t_{ss} + 2t_{tl} \tag{6-11}$$

同理，提升机执行第i个指令的作业时间OTE_i^P：

$$OTE_i^P = t_{i31} + t_{i32} + 4t_{ss} + 2t_{tl} \tag{6-12}$$

t_{21}，t_{22}，t_{31}，t_{32}依据式（6－8）和式（6－9）及表6－4计算。

（六）分散式AS/RS多指令作业时间建模

多作业指令时，由于分散式AS/RS多设备并行作业，作业过程较复杂，因此将入库和出库作业分别分析，图6－20以出库作业时序图展示设备间作业衔接关系。

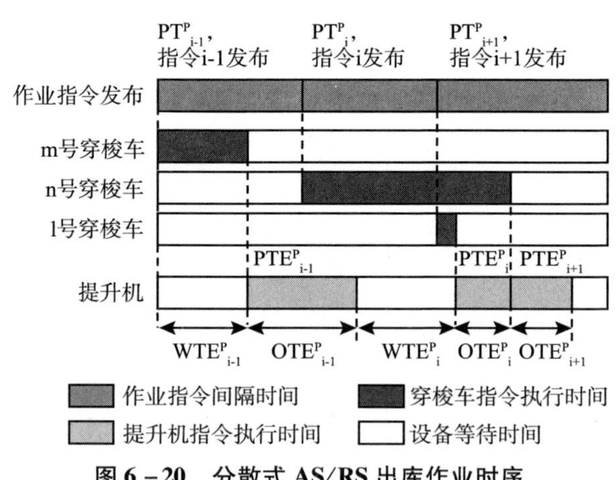

图6－20　分散式AS/RS出库作业时序

从图 6-20 看出，分散作业模式下，水平运动设备较多，模型复杂，单垂直运动由单一提升机完成，因此随机订单驱动的分散系统总作业时间可转换为提升机执行指令时间和等待时间组成，模型见式（6-13）：

$$TotalT_N^P = \sum_{i=1}^{N} OTE_i^p + \sum_{i=1}^{N} WTE_i^p \tag{6-13}$$

WTE_i^P 是由第 i-1 个纵向指令的作业结束时间和第 i 个纵向指令的下达时间共同决定，同集中式系统相同，订单下达时间 PT_i，而纵向指令的下达时间设为 PTE_i，则将式（6-13）转换成式（6-14）。

$$TotalT_i^p = Max(TotalT_{i-1}^p, PTE_i) + OTE_i^p \tag{6-14}$$

仅需计算 OTE_i^P 和纵向指令的下达时间 PTE_i，OTE_i^P 的计算见式（6-13），而纵向指令下达时间计算较为复杂，需要根据以下算法进行。

基本步骤：

步骤 1：为每个单体设备（提升机和穿梭车）构建一个动态指令集。令 K 为总指令集合，将指令按照发布时间 PT_i 从小至大排序；$K_h^S(h=1, \cdots, H)$ 为第 h 台穿梭车的动态作业指令集，K^e 为提升机动态作业指令集。初始状态下，$K=\varnothing$，$K_h^S=\varnothing$，$K^e=\varnothing$，K 不断接受新的作业指令。

步骤 2：重复 2.1～2.3，直至 $K=\varnothing$。

步骤 2.1：当系统受到作业指令时，如果 $P_i=1$，则转 2.2；如果 $P_i=-1$，则转 2.3；

步骤 2.2：将该指令从 K 中删除，放入 K^e，且令 $PTE_i=PT_i$；将指令按照 PTE_i 从小至大排序，等待提升机依次执行该指令；提升机依次执行作业指令，$TotalT_i^p=Max(TotalT_i^p, PTE_i)+OTE_i$；转 2.4；

步骤 2.3：从 K 中删除，读取 L_i 中 y_i，将该指令放入 $K_h^S(h=y_i)$，$PTS_i^h=PT_i$；将指令按照 PTE_i 从小至大排序；等待第 h 台穿梭车依次执行该指令，$TotalTS_i^h=Max(TotalTS_{i-1}^h, PTS_i^h)+OTS_i^h$；转 2.5。

步骤 2.4：将该指令从 K^e 中删除读取 L_i 中 y_i，将该指令放入 $K_h^S(h=y_i)$；将指令按照 PTS_i^h 从小至大排序；依次执行该指令 $TotalTS_i^h=Max(TotalTS_{i-1}^h, PTS_i^h)+OTS_i^h$，删除该指令。

步骤 2.5：将该指令从 $K_h^S(h=y_i)$ 中删除，放入 K^e，且令 $PTE_i=TotalTS_i^h$；将指令按照 PTE_i 从小至大排序；依次执行该指令，$TotalT_i^p=Max(TotalT_i^p, PTE_i)+OTE_i$，删除该指令。

第二节　集中式及分散式AS/RS实证分析及评价

一、系统性能评价指标和方法

（一）系统特性指标

系统评价可从反应速度指标、设备利用率指标和作业量指标综合展开[212]。

1. 反应速度指标

①单指令作业周期（cycle length of one order，CLOO），这里指从指令下达至指令结束时间。

②指令等待率（waiting ratio of order，WRO），指需要等待的作业指令数量占总数量的比率。

③指令反应速度（length of wait for on order，LWOO），指需要等待的指令，从指令下达时间开始至设备开始作业的时间。

2. 设备利用率指标

①设备（堆垛机/提升机/穿梭车）时间利用率（busy ratio of equipments，BRE），设备的作业时间占总时间的比率。

②设备空闲率（idle ratio of equipments，IRE），作业设备占系统设备总量的比率。

3. 作业量指标

①系统作业能力（system operation capability，SOC），指单位时间完成指定作业指令的数量（假设每个指令均为单次存/取作业）。

②作业时间（operation time of fixed quantity order，OTFQO），指完成一定数量的作业指令所需时间。

（二）多目标评价函数

在集中式和分散式AS/RS中，由于分散式系统是多个设备，而且平行移动的穿梭车数量随着货架变化而变化，因此不能仅将两者的效率差异作为系统选择的因素，还需要考虑其他因素。邓爱民等（2013）构建入库效率，货物相似程度和货物移动距离最短三个因素的基于时间的货位优化多目标模型；丁健（2014）借助成本和效益分析实现出入库任务分配的最优化；蒋增强等（2014）运用能源消耗、最大完工时间、加工成本实行生产线多目标柔性调度。本书研究对象是 AS/RS，不需要考虑移动距离，关注的重点是效率和成本。成本包括设备的投资成本和运营费用，将两系统的比较问题转化为多目标规划问题，在满足效率需求的前提下，提出影响系统选择的两个因素。为统一量纲，将两系统的效率、成本和费用都转换为比率，即相对于集中式系统而言分散式系统的时间压缩率和成本增加率。

目标函数 F_1：

由于分散式 AS/RS 作业效率优于集中式 AS/RS，因此设定作业时间的压缩率公式为 $F_1=\frac{TotalT^s-TotalT^p}{TotalT^s}$，因此目标函数表示为：

$$F_1=\frac{TotalT^s-TotalT^p}{TotalT^s} \tag{6-15}$$

目标函数 F_2：

考虑设备成本指标，设备的成本由投资成本和运营成本构成，设备生命周期为 N 年。

则成本函数为：

$$TotalCost=InvestCost+N\cdot OperatingCost \tag{6-16}$$

假定 c_{11} 表示中每个单元货格的采购成本，c_{12}、c_{13} 和 c_{14} 分别表示每台堆垛机、提升机和穿梭车的采购成本。假定 c_{21} 表示中每个单元货架单位时间的运营成本（维护成本），c_{22}、c_{23} 和 c_{24} 分别表示每台堆垛机、提升机和穿梭车的运营成本即（能耗费用和维护成本之和）。

集中式 AS/RS，由 2XY 个货格（货架高度为 Y，列数为 X）和一个堆垛机组成，则投资成本函数表示为：

$$InvestCost^S=2\cdot X\cdot Y\cdot c_{11}+c_{12} \tag{6-17}$$

单位时间内的运营成本函数表示为：

$$OperatingCost^S=2\cdot X\cdot Y\cdot c_{21}+c_{22} \tag{6-18}$$

集中式总成本函数：

$$TotalCost^S=2\cdot X\cdot Y\cdot c_{11}+c_{12}+N\cdot(2\cdot X\cdot Y\cdot c_{21}+c_{22}) \tag{6-19}$$

分散式 AS/RS 由一套货架、一个提升机和 Y 个穿梭车组成，则分散式系统投资成本函数表示为：

$$\mathrm{InvestCost}^{P}=2\cdot X\cdot Y\cdot c_{12}+c_{13}+Y\cdot c_{14} \tag{6-20}$$

分散式 AS/RS 运营成本函数表示为：

$$\mathrm{OperatingCost}^{P}=N\cdot(2\cdot X\cdot Y\cdot c_{21}+c_{23}+Y\cdot c_{24}) \tag{6-21}$$

分散式总成本函数：

$$\begin{aligned}\mathrm{TotalCost}^{P}=&2\cdot X\cdot Y\cdot c_{12}+c_{13}+Y\cdot c_{14}\\&+N\cdot(2\cdot X\cdot Y\cdot c_{21}+c_{23}+Y\cdot c_{24})\end{aligned} \tag{6-22}$$

因此设备费用增加率函数：

$$F_{2}=\frac{\mathrm{TotalCost}^{P}-\mathrm{TotalCost}^{S}}{\mathrm{TotalCost}^{P}} \tag{6-23}$$

最终得到多目标评价函数如下：

$$\begin{cases}\max\left(\dfrac{\mathrm{TotalT}^{S}-\mathrm{TotalT}^{P}}{\mathrm{TotalT}^{S}}\right)\\ \min\left(\dfrac{\mathrm{TotalCost}^{P}-\mathrm{TotalCost}^{S}}{\mathrm{TotalCost}^{P}}\right)\end{cases} \tag{6-24}$$

二、仿真设计

以 B2C 电商物流中心应用较多的两种系统为例，对两种系统的作业效率等参数进行仿真。

（一）设备参数设置

设集中式 AS/RS 采用某型号 mini-load 堆垛机，其水平及垂直作业运动速率 $v_{x1}=v_{y1}=4m/s$；加速度 $a_{x1}=a_{y1}=2m/s^2$；分散式 AS/RS 中，提升机垂直运动速率为 $v_{y2}=4m/s$，加速度 $a_{y1}=2m/s^2$；穿梭车水平运动速率为 $v_{x2}=4m/s$，水平加速度 $a_{x1}=2m/s^2$。三种设备每个取货/放货（包含伸叉、提叉/落叉、回叉）作业时间单元为 4s。作业指令参数和货位参数见本章第一节中的第三部分。

（二）仿真环境设计

由于货架参数和订单结构对两系统作业效率有影响，因此仿真分为三种环境，以得出不同环境背景下的两系统参数差异。

1. 货架结构变化的仿真环境

订单一次到达，改变货架形状，仿真两系统的不同。按照先来先处理的原则，系统作业可看成 FCFS 的排队系统，计算 2 个系统的上述输出结果。

①订单为一次性到达，设货架为 10 层（F＝10），改变货架的列数 C，令 Z 从 10 增加至 100，对两系统完成 200 个订单的订单等待时间进行 100 次仿真，分析货架列数 C 对两种系统影响程度，输出上述参数。

②订单为一次性到达，设货架为 10 列（C＝10），改变货架的高度 H，令 H 从 10 增加至 100，对两系统完成 200 个订单的订单等待时间进行 100 次仿真，分析货架列数 H 对两种系统影响程度，输出上述参数。

2. 订单密度变化的仿真环境

货架固定，改变订单的到达时间，仿真两系统的不同。按照先来先处理的原则，系统作业可看成 FCFS 的排队系统，计算 2 个系统的上述输出结果。

令订单到达时间间隔服从相互独立、同参数的负指数分布。令货架为 10×100(F×C) 的长方形货架，调整订单密度，依次令订单时间间隔服从均值为 0～120s 的指数分布，对两系统完成 200 个订单的进行 100 次仿真，分别计算两个系统的各个输出参数。

3. 货架结构和订单密度同时变化的仿真环境

同时改变货架形状和订单到达时间，看双因素对两系统的影响。货架取高度为 F＝10，列数从 10 开始，依次递增至 100；订单到达时间间隔从 0 开始，依次递增至 120S，对两系统完成 200 个订单的进行 100 次仿真，分别计算两个系统以上各参数。

三、仿真结果分析

（一）货架结构对两系统性能影响

1. 货架列数变化对系统效率影响分析

在货架层数 F 相同（F＝10）时，调整货架列数 C（C 从 10 增加到 100），对两个系统的任务完成情况仿真结果进行数据统计分析，得到不同情况下两种系统的任务完成时间，具体情况见表 6－5。

表6－5　货架列数变化对两系统时间压缩率仿真结果

列数 C	集中式系统任务完成时间 $TotalT^s$	集中式系统任务完成时间 $TotalT^p$	任务完成时间差 $TotalT^s - TotalT^p$	时间压缩率（%）$\frac{TotalT^s - TotalT^p}{TotalT^s}$
10	2768. 54	2367. 30	401. 24	14. 49
20	3559. 22	2418. 16	1141. 06	32. 06
30	4587. 78	2418. 50	2169. 28	47. 28
40	5531. 58	2449. 70	3081. 88	55. 71
50	6772. 62	2460. 58	4312. 04	63. 67
60	7408. 60	2485. 40	4923. 2	66. 45
70	8660. 02	2570. 86	6089. 16	70. 31
80	9665. 76	2601. 44	7064. 32	73. 07
90	10663. 88	2557. 40	8106. 48	76. 02
100	11633. 78	2633. 84	8999. 94	77. 36

由表6－4中数据可以得到货架列数变化对两系统时间压缩率影响走势图，如图6－21所示。

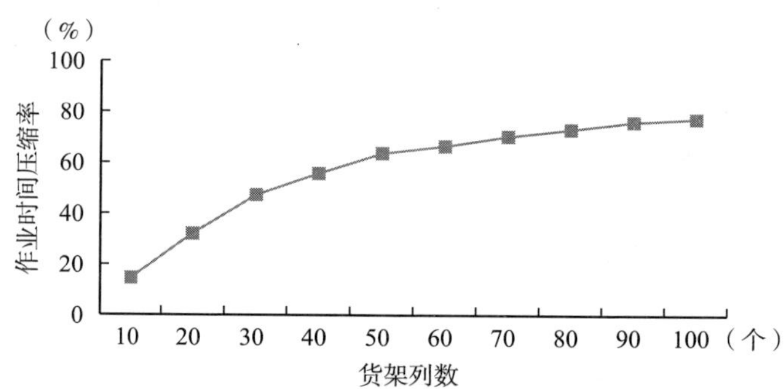

图6－21　货架列数变化对两系统时间压缩率影响仿真结果

从系统的效率方面分析，根据仿真数据，可得出初步结论：

①在订单一次性到达，货架层数F＝10不变的情况下，货架列数C从10增加到100，分散式系统的任务完成时间都少于集中式系统；

②货架层数相同（F＝10），随着货架列数C从10增加到100，分散

式系统对比集中式系统的时间压缩率不断增加。

2. 货架列数变化对设备利用率影响分析

由仿真数据得到两种系统的设备利用率仿真结果图，如图6-22所示。

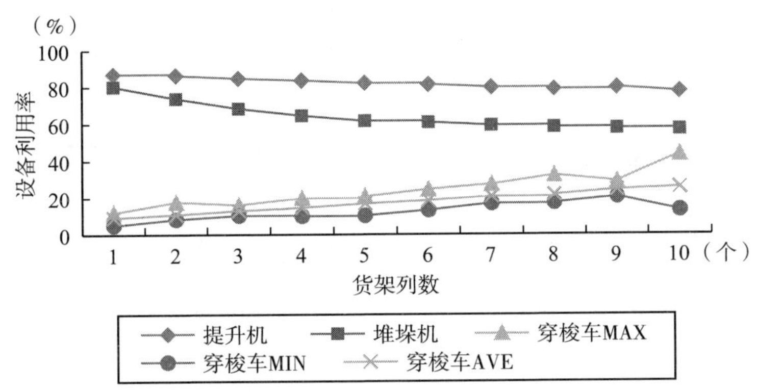

图6-22 货架列数变化对设备利用率影响仿真结果

从系统的设备利用率方面分析，根据仿真数据，可得出初步结论：

①在订单一次性到达，货架层数F=10不变的情况下，货架列数C从10增加到100，集中式系统的设备利用率都低于分散式系统；

②当货架层数F相同（F=10），货架列数C从10增加到100，集中式系统的设备利用率随货架列数的增加而降低，而分散式货架的平均设备利用率则随列数的增加而不断提高；

③在分散式系统中，随着货架列数C从10增加到100，穿梭车的利用率提高，而提升机的设备利用率则有所下降。

3. 货架列数变化对订单等待时间影响分析

分析订单等待时间，以反映系统的时效性。由仿真数据得到两种系统的订单等待时间仿真结果图，如图6-23所示。

从系统的设备任务等待时间方面分析，根据仿真数据，可得出初步结论：

①在订单一次性到达，货架层数F=10不变的情况下，货架列数C从10增加到100，集中式系统的任务等待时间总是高于分散式系统的任务等待时间；

②在订单一次性到达，货架列数C=10不变的情况下，随着货架列数C从10增加到100，集中式系统的任务等待时间有明显增加，说明堆垛机的作业任务较忙；分散式系统中，负责水平作业的穿梭车任务等待时间略

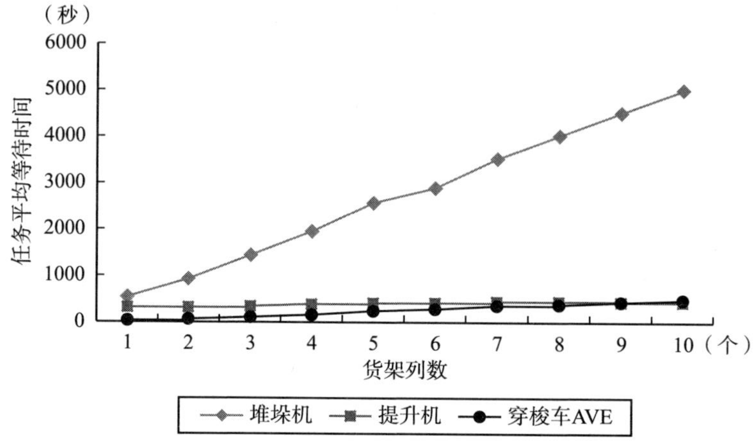

图6-23　货架列数变化对订单等待时间影响仿真结果

微增加，而等待提升机垂直作业的时间增加，但增加速率微高于穿梭车，低于集中式系统；

③当货架层数F相同（F=10），货架列数C从10增加到100，任务等待堆垛机的时间也随之增加，而任务等待提升机和穿梭车的时间则增长缓慢。

4. 货架层数变化对系统效率影响分析

在货架列数相同时，对不同货架层数F（F从10增加到100）两个系统的任务完成情况仿真结果进行数据统计分析，得到不同情况下两种系统的任务完成时间，具体情况如表6-6和图6-24所示。

表6-6　货架层数变化对两系统时间压缩率仿真结果

层数	集中式系统	分散式系统	对比分析	
	任务完成时间 $TotalT^s$	任务完成时间 $TotalT^p$	任务完成时间差 $TotalT^s - TotalT^p$	时间压缩率（%）$\frac{TotalT^s - TotalT^p}{TotalT^s}$
10	2768.54	2416.02	352.52	12.73
20	3548.90	3154.82	394.08	11.10
30	4646.04	4180.54	465.50	10.01
40	5601.28	5197.82	403.46	7.20

续表

层数	集中式系统	分散式系统	对比分析	
	任务完成时间 $TotalT^s$	任务完成时间 $TotalT^p$	任务完成时间差 $TotalT^s - TotalT^p$	时间压缩率（%）$\frac{TotalT^s - TotalT^p}{TotalT^s}$
50	6536.38	6316.84	219.54	3.36
60	7294.30	7194.86	99.44	1.36
70	8216.72	8165.36	51.36	0.63
80	9353.28	9311.44	41.84	0.45
90	10633.12	10570.14	62.98	0.59
100	11727.04	11605.46	121.58	1.04

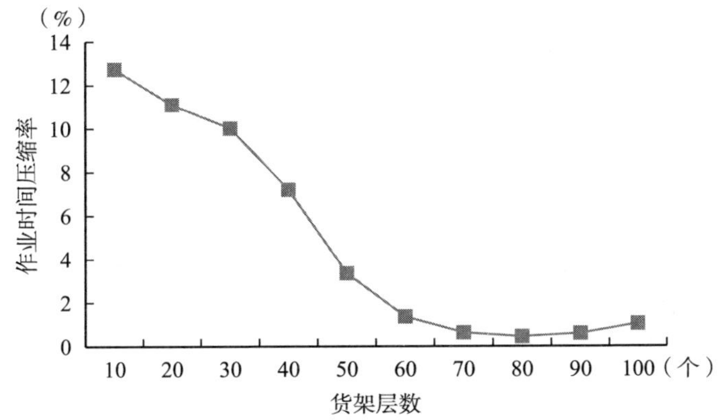

图 6－24　货架层数变化对两系统时间压缩率影响仿真结果

从系统的效率方面分析，根据仿真数据，可得出初步结论：

①在订单一次性到达，货架层数 F＝10 不变的情况下，货架列数 C 从 10 增加到 100，分散式系统的任务完成时间都少于集中式系统；

②货架列数相同（C＝10），随着货架列数 C 从 10 增加到 100，分散式系统对比集中式系统的时间压缩率时间压缩率逐渐减小，即两种系统的效率差异性逐渐减小。

5. 货架层数变化对设备利用率影响分析

由仿真数据得到两种系统的设备利用率仿真结果图，如图 6－25 所示。

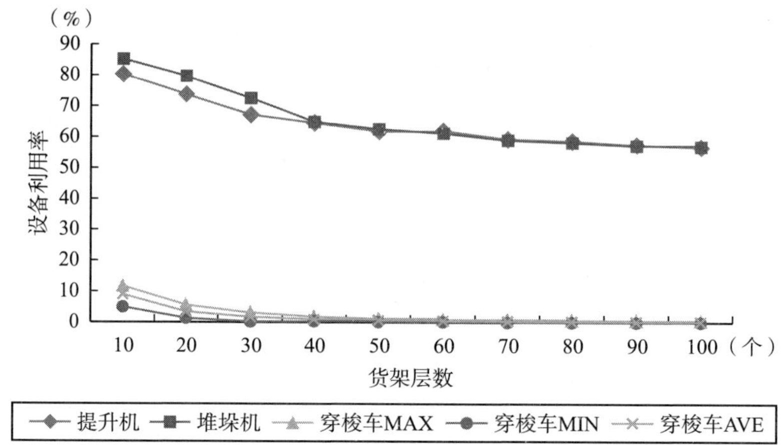

图6-25　货架层数变化对设备利用率影响仿真结果

从系统的设备利用率方面分析，根据仿真数据，可得出初步结论：

①在订单一次性到达，货架列数 C = 10 不变的情况下，随着货架列数 C 从 10 增加到 100，两种系统的设备利用率都随之下降。

②货架列数相同（C = 10），货架层数 F < 40 时，分散式系统的设备利用率明显高于集中式系统，而货架层数的增加（40 < F < 100 时），两种系统的设备利用率趋于一致且相对稳定。

6. 货架层数变化对订单等待时间影响分析

为检测两系统反映及时性，由仿真数据得到两种系统的任务平均等待时间仿真结果图，如图 6-26 所示。

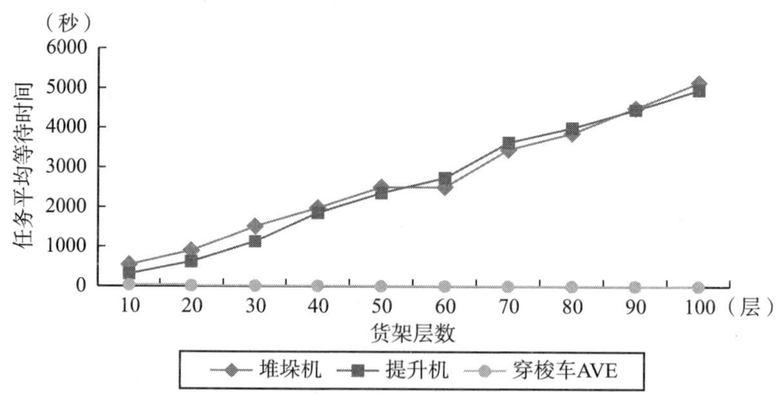

图6-26　货架层数变化对任务等待时间影响仿真效果

从系统的设备任务等待时间方面分析，根据仿真数据，可得出初步结论：

①在订单一次性到达，货架列数 C = 10 不变的情况下，随着货架列数 C 从 10 增加到 100，分散式系统中，穿梭车可在第一时间完成任务，不需等待，而任务等待提升机时间增加显著，说明提升机的作业任务较忙，成为系统中的瓶颈环节；集中式系统中，任务等待时间呈增加趋势，增加速率和分散式系统中的提升机接近。

②随着货架层数增加，集中式系统的反应速度接近于分散式系统。

（二）货架结构对两系统效率差异数据拟合

1. 两系统作业时间差与层数关系曲线拟合

由于现实中受土建等外在因素影响，无论是集中式 AS/RS 还是分散式 AS/RS，层数都受到一定限制，而列数变化较大，因此重点分析货架列数对两系统的作业时间差的影响。设货架为 10 层（F = 10），改变货架的列数 C，令 C 从 10 增加至 100，两系统完成 100 次仿真的作业时间差，以分析货架列数 C 对作业时间差的影响。由仿真数据得到货架列数变化对两系统作业时间差拟合曲线，如图 6 – 27 所示。

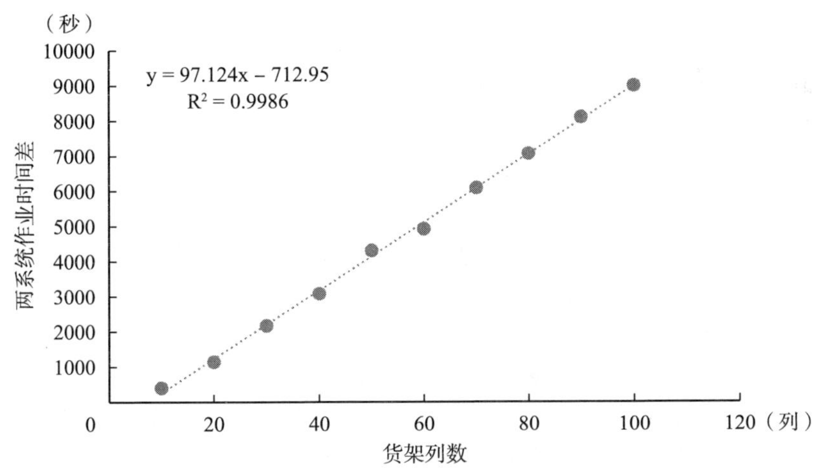

图 6 – 27　货架列数变化对两系统作业时间差拟合曲线

对仿真结果进行拟合，首先设 ΔTTz 与货架列数 C 一元线性回归，得到回归模型：

$$\Delta TTz = 97.12c - 712.95 \quad (6-24)$$

2. 分散式系统作业时间压缩率与层数关系曲线拟合

设时间压缩率$\frac{TotalT_1^S - TotalT_1^P}{TotalT_1^S}$，根据表6-5中的仿真数据来计算时间压缩率，压缩率拟合曲线如图6-28所示。

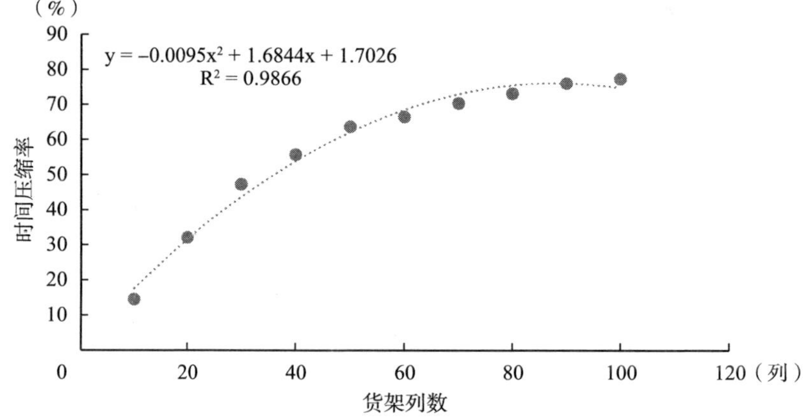

图6-28 货架列数变化对两系统时间压缩率拟合曲线

对压缩率曲线进行拟合，得到压缩率 $y = -0.0095x^2 + 1.6844x + 1.7026$，该模型通过相关的显著性和拟合度检验。和时间差ΔTT的回归模型不同，在货架列数x[10，100]时，货架列数对时间压缩率y呈倒U形影响。

当 $10 < x < 87$ 时，时间压缩率随货架列数的增加而增大，分散式系统的效率优势越来越明显；当 $x = 87$ 时，时间压缩率取到最大值76.36%，表明此时分散式系统较集中式系统的效率优势最明显；当 $87 < x < 100$ 时，时间压缩率随货架列数的增加而减小。

3. 两系统作业时间压缩率与层数关系曲线拟合

由于土建等外在因素的影响，货架的层数增加受到一定的限制，因此仿真过程中设货架的层数F最大为40层。设货架列数不变，改变货架的层数，令H从10增加至40，两系统完成100次仿真的作业时间差，以分析货架列数C对作业时间差的影响。由仿真数据得到货架层数变化对两系统作业时间差拟合曲线，如图6-29所示。

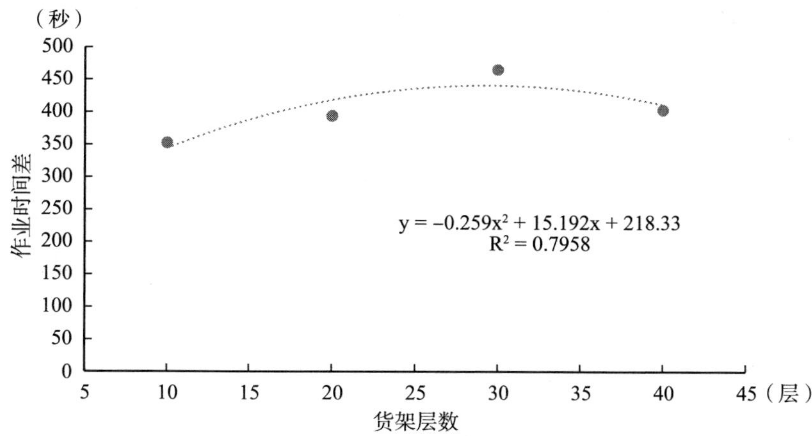

图 6－29　货架层数变化对两系统作业时间差拟合曲线

对仿真结果进行拟合，首先设 ΔTTz 与货架列数 C 一元线性回归，得到回归模型：

$$y = -0.259x^2 - 15.192x + 218.33 \qquad (6-26)$$

4. 分散式系统作业时间压缩率与列数关系曲线拟合

设时间压缩率 $y = \frac{TotalT_1^S - TotalT_1^P}{TotalT_1^S}$，根据表 6－6 中的仿真数据来计算时间压缩率 y，压缩率曲线如图 6－30 所示。

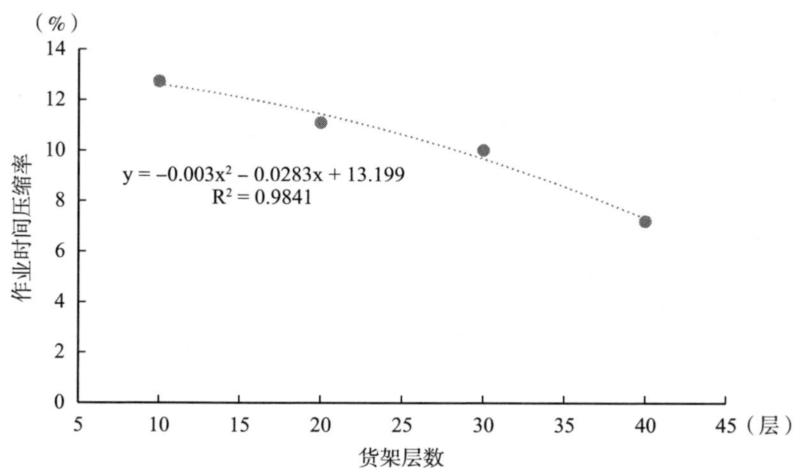

图 6－30　货架层数变化对两系统作业时间压缩率拟合曲线

对压缩率曲线进行拟合，得到压缩率 $y = -0.003x^2 - 0.0283x + 13.199$，该模型通过相关的显著性和拟合度检验。和时间差 ΔTT 的回归模型类似，在货架列数 $x \in [10, 40]$ 时，货架列数对时间压缩率 y 呈倒 U 形影响。

当 $x = 10$ 时，时间压缩率取到最大值 12.73%，表明此时分散式系统较集中式系统的效率优势最明显；当 $10 < x < 40$ 时，时间压缩率逐渐下降，两系统的效率差异性在逐渐减小，当层数增加到 40 层时，时间压缩率降低到 7.2%。

（三）订单密度对两系统性能影响

1. 订单密度对系统效率影响分析

令货架为 10×100（F×C）的长方形货架，调整订单密度，依次令订单时间间隔服从均值为 0～120 秒的指数分布，对两系统完成 200 个随机订单的作业时间差进行 100 次仿真。

对不同订单密度情况下的两系统作业时间影响进行仿真，仿真结果如图 6－31 所示，可了解系统的作业效率。

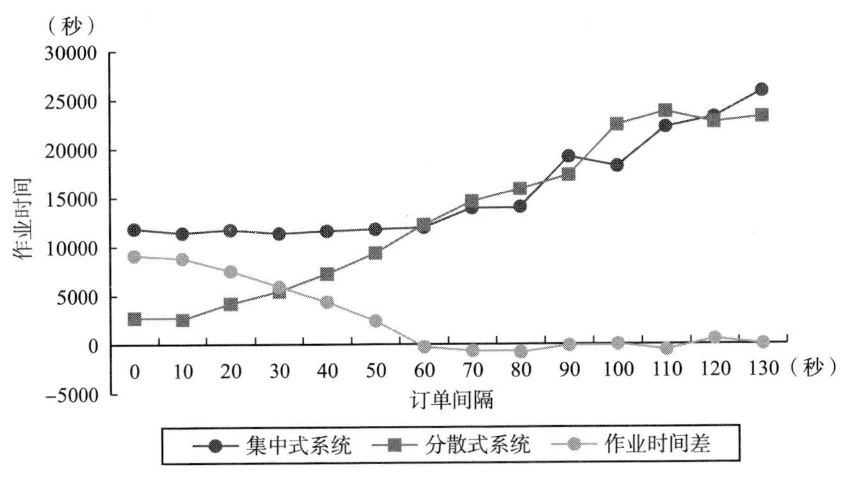

图 6－31 订单间隔时间与两系统作业时间影响仿真结果

从仿真结果看，当订单间隔均值为 0 秒时，集中式系统的任务完成时间为 11844.6 秒，而分散式系统的任务完成时间为 2746.5 秒，随着订单间隔时间均值的增加，两系统作业完成时间均增加，集中式较分散式趋势缓慢；当订单间隔时间均值为 60 秒时，两系统作业完成时间接近相等；在订单间隔时间均值为 70 秒～120 秒时，分散式系统比集中式系统作业完成时间长。

当作业时间差大于 0，说明集中式系统的作业时间大于分散式系统作业时间，否则相反。

2. 订单密度对设备利用率影响分析

如图 6－32 所示，从仿真结果看，订单间隔时间均值为 0 秒时，集中式系统中堆垛机利用率为 56.8%，分散式系统中提升机利用率为 75.8%，穿梭车的平均利用率为 23.9%；随着订单间隔时间的增加，两系统中设备利用率均下降，分散式系统中提升机和穿梭车利用率下降明显；当订单间隔时间均值为 30 秒之后，提升机利用率小于堆垛机利用率；当订单间隔时间均值为 90 秒之后，分散式系统中设备利用率接近固定值 2%，集中式系统中设备利用率接近固定值 30%。

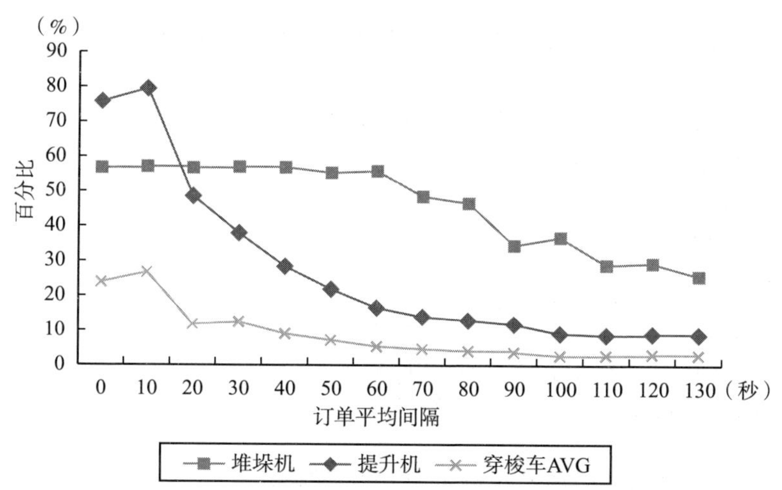

图 6－32 订单间隔时间变化对设备利用率影响仿真结果

因为在分散式系统总体设备利用率主要由提升机利用率决定，所以从系统作业效率看，当订单密度越大时，分散式系统的设备利用率较高；随着订单密度的降低，集中式系统的设备利用率较高，分散式系统的设备空闲率较高，尤其是穿梭车利用率极低。

3. 订单密度对反应速度影响分析

如图 6－33 所示，在集中式系统中，订单间隔时间均值为 0 秒时，订单平均等待时间为1638.2秒，随着订单间隔时间的增加，订单平均等待时间呈线性下降；订单间隔时间均值为37秒之后，订单平均等待时间小于100秒，下降速率减缓，并趋于0。

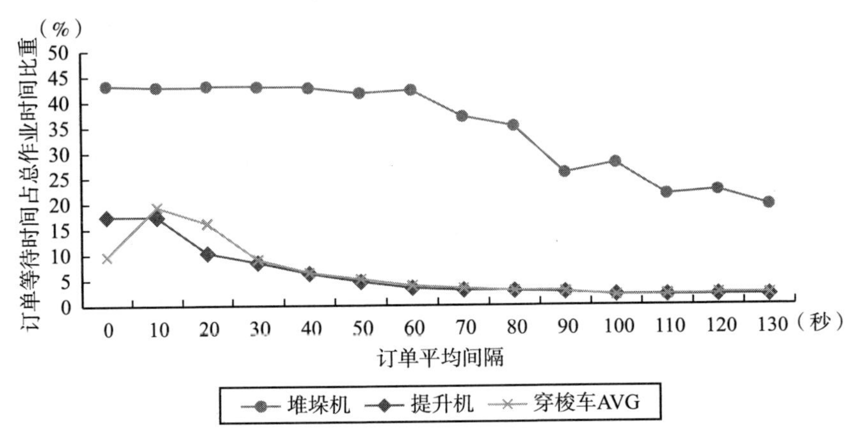

图6－33 订单间隔时间与两系统平均任务等待时间仿真结果

在分散式系统中，订单间隔时间均值为1秒时，订单平均等待时间为512秒，随着订单间隔时间的增加，订单平均等待时间呈线性下降；订单间隔时间均值为12秒之后，订单平均等待时间小于100秒，下降速率减缓，并趋于0。

从订单等待时间角度看，订单间隔时间均值为1秒时，集中式系统的等待时间是分散式系统的3.2倍；从订单密度角度看，当要求订单等待时间小于100秒时，集中式系统需要订单平均间隔为37秒，而分散系统仅需要12秒，间隔时间为集中式的32.4%。

（四）订单密度对两系统效率差异数据拟合

如图6－34所示，从仿真结果看，订单间隔时间均值为0秒时，两系统作业时间压缩率为76.81%，随着订单间隔时间的增加，两系统作业时间压缩率呈线性下降；订单间隔时间均值为60秒之后，两系统作业时间压缩率小于0%，下降速率减缓，并趋于0；在订单间隔时间均值为70秒～120秒时，两系统作业时间压缩率出现负数，在－10%和0之间波动。

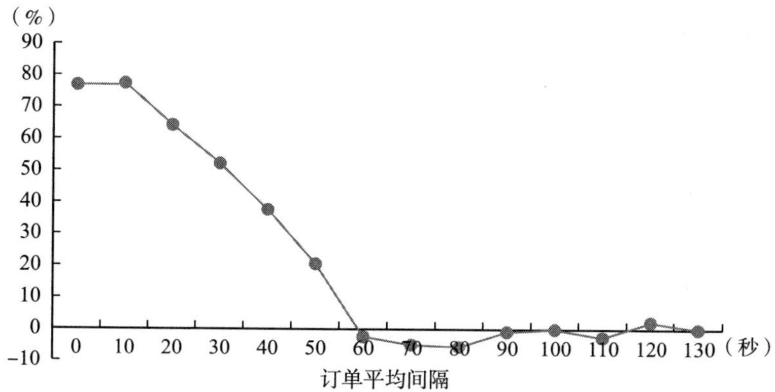

图 6-34 订单平均间隔变化对两系统时间压缩率影响仿真结果

从系统作业效率看，当订单密度越大，分散式作业系统的效率越高；随着订单密度的降低，两系统的作业时间压缩率逐渐降低，在 60 秒后，两系统效率相差不大；当在订单间隔时间均值为 70 秒时，集中式系统的作业效率首次高于分散式系统，但由于差距微小，可以忽略不计。

设时间压缩率 $F_1 = \frac{TotalT^s - TotalT^p}{TotalT^s}$，根据本节第二部分中的仿真数据结果来计算时间压缩率 y，压缩率曲线如图 6-35 所示。

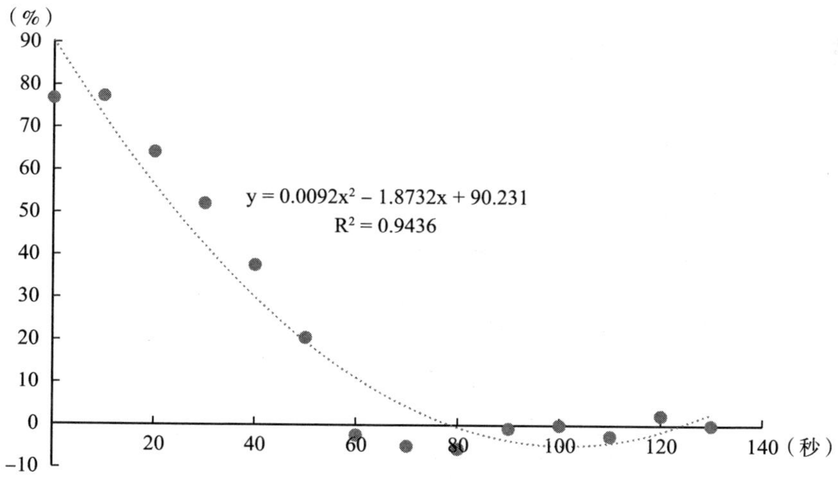

图 6-35 订单间隔时间与两系统时间压缩率拟合曲线

对压缩率曲线进行拟合，得到压缩率 $y = 0.0092x^2 - 1.8732x + 90.231$，该模型通过了相关的显著性和拟合度检验。订单间隔时间对两系统时间压缩率 y 呈 U 型影响，其极点为当 $x = 101.8$，$y = -5.12$，当两系统时间压缩率相等时，订单间隔时间分别为 $x_1 = 78.2$ 或 $x_2 = 125.4$。

由此分析，当订单密度较大时，系统时间压缩率较大，分散式系统工作效率较高；随着订单间隔时间的不断增加，时间压缩率逐渐降低，当订单间隔时间增加到 78.2 秒时，时间压缩率为零，当订单间隔时间大于 78.2 秒小于 125.4 秒时，时间压缩率为负值，即集中式系统效率高于分散式系统；当订单间隔时间为 101.8 秒时，时间压缩率最低，情况最差。

（五）双因素对两系统性能影响

为找到订单密度和货架结构同时调整时，两系统效率的变化情况，特对系统进行仿真。由于高度受土建限制，因此结合实际经验定位 10 层，调整货架列数，以找到和不同订单密度相匹配的货架。图 6 – 36 展示了不同在货架列数和订单密度双因素对两系统作业时间差的影响；图 6 – 37 分析了分散式 AS/RS 对于集中式 AS/RS 的时间压缩率。

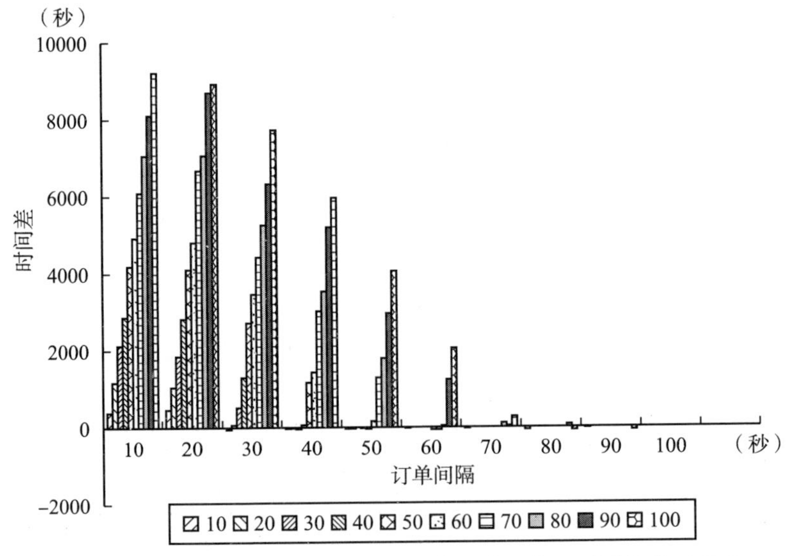

图 6 – 36　订单密度和货架列数双因素影响下的两系统作业时间差

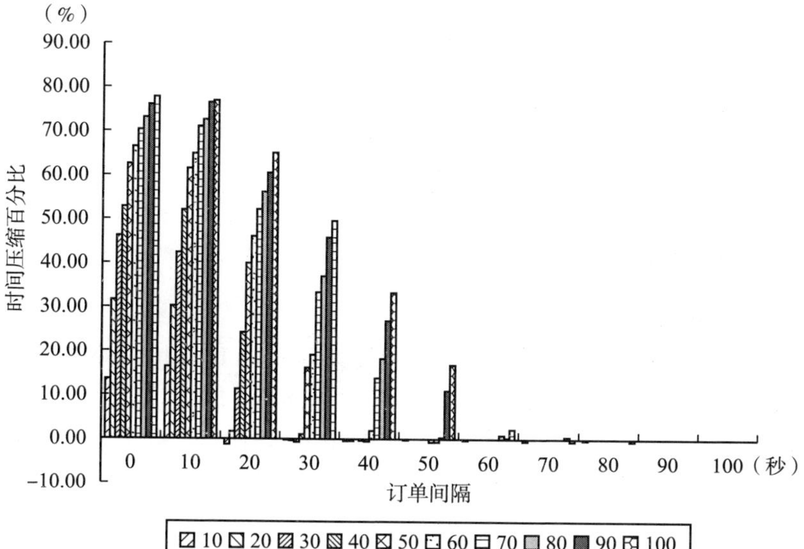

图 6-37　订单密度和货架列数双因素影响下的分散式系统作业时间压缩率

对图 6-36 和 6-37 仿真结果，从理论分析，订单密度越大，货架列数越多，分散式系统并行作业效益越明显；随着订单密度和货架列数变小，分散式系统的并行效益优势逐渐降低，提升机效率决定了分散式系统的效率。

四、多目标评价

（一）函数转换

根据式（6-23）求解多个目标函数的规划模型，可采用线性加权和法，分别给予两个目标函数权重系数，设为 α_1，α_2。因为 F1 要求最大值，F2 求最小值，先将 F2 转为负号求最大值，得到新的目标函数见式（6-27），结合实际情况，进行求解：

$$
\begin{aligned}
\text{MaxF} &= \alpha_1 \cdot F_1 - \alpha_2 \cdot F_2 \\
&= \alpha_1 \cdot \frac{\text{TotalT}^S - \text{TotalT}^P}{\text{TotalT}^S} - \alpha_2 \cdot \frac{\text{TotalCost}^P - \text{TotalCost}^S}{\text{TotalCost}^S}
\end{aligned}
$$

$$
s.t.\begin{cases}\sum_{i=1}^{2}\alpha_i = 1\\ \alpha_i > 0,\ i = 1, 2, 3\\ X \leqslant 100\\ Y \leqslant 10\end{cases} \tag{6-27}
$$

（二）函数求解

1. 货架列数固定

设货架层数不变，计算订单密度和货架列数在10～100间变化的情况下的最优解，可利用仿真的订单压缩率数据矩阵和成本矩阵进行加权计算。系统满足效率为前提，因此F1的权重要大于F2，因此设 $\alpha_1=0.7$，$\alpha_2=0.3$，计算得到多目标结果矩阵，如表6－7所示。

表6－7 多目标评价结果矩阵

订单间隔（s）	货架列数									
	10	20	30	40	50	60	70	80	90	100
0	0.39	0.50	0.59	0.63	0.68	0.70	0.72	0.73	0.74	0.75
10	0.41	0.49	0.56	0.62	0.68	0.69	0.72	0.73	0.74	0.74
20	0.29	0.29	0.35	0.43	0.52	0.56	0.59	0.61	0.63	0.66
30	0.29	0.28	0.26	0.26	0.36	0.37	0.46	0.48	0.53	0.55
40	0.29	0.28	0.27	0.25	0.24	0.25	0.32	0.34	0.40	0.44
50	0.29	0.28	0.27	0.26	0.24	0.253	0.22	0.22	0.29	0.32
60	0.29	0.28	0.27	0.26	0.24	0.253	0.22	0.22	0.21	0.22
70	0.29	0.28	0.27	0.26	0.24	0.253	0.22	0.22	0.21	0.20
80	0.29	0.28	0.27	0.26	0.24	0.253	0.22	0.22	0.21	0.20
90	0.29	0.28	0.27	0.26	0.24	0.253	0.22	0.22	0.21	0.20
100	0.29	0.28	0.27	0.26	0.24	0.253	0.22	0.22	0.21	0.20

从表6－7可以看出目标评价的最大值及变化趋势，在订单间隔为0时，货架列数为100时，系统目标值最高。

2. 订单密度固定

设货价列数小于100，货架层数小于10，订单密度固定，到达时间间隔为 10。变化货架层和列设 α_i 依次为 0.7，0.3，对问题进行求解，可以得到非劣解。当系统货架列数为 100，层数为 9 层时目标函数值最大。

第三节　小　　结

本章分析电商物流需求特点，对出库拣选作业模式进行分类；对自动化存取及拣选设备进行了分类；通过对 B2C 电商物流的两大自动化系统的作业流程分析和设备作业分析；分析在作业类型不限制、订单到达时间随机的情况下设备的运行轨迹；构建了满足随机订单拉动情况下的两系统单指令和多指令作业时间建模。

从效率、反应速度等方面界定了系统评价的指标和方法；依据本章的数学模型，构建两者的仿真模型；搭建了三种仿真环境，通过调整货架结构参数和订单密度，得到两系统在不同情况下的仿真数据，根据评价指标，从不同角度对两系统进行横向比较，并对数据进行分析和曲线拟合，得到了不同参数变化对两系统效率和反应速度等指标的影响。对两系统进行多目标评价，在货架层数不变，计算订单密度和货架列数在 10～100 间变化的情况下，在订单间隔为 0 时，货架列数为 100 时，系统目标值最高；在货架列数小于 100，货架层数小于 10，订单密度固定情况下，当系统货架列数为 100，层数为 9 层时目标函数值最大。

第七章

面向快速反应的储位优化策略

储位分配策略和方法对出入库作业效率影响很大，科学合理的储位分配策略可以不仅减少设备的行走距离，提高作业效率；快速满足订单需求；同时可以提高设备能动率，降低能耗。

由于分散式 AS/RS 系统和集中式 AS/RS 的差异，关于储位优化研究在分散式 AS/RS 系统中是否也满足 B2C 电商需求，是本章研究重点。本章根据 B2C 电商的订单特点，以分散式 AS/RS 为研究基础，分析了单订单多品项间货位布局对系统作业的影响；建立了分散式 AS/RS 作业时间模型；并基于模型提出了基于反相似系数聚类和基于节约里程法的聚类方法，在聚类的基础上实现了货位优化策略。

通过实证研究，本章提出的货位优化策略和随机策略相比，均对系统效率有一定的改进性，帮助分散式 AS/RS 能够很好地满足 B2C 电商物流的出库作业需求。

第一节　储位优化相关理论

一、储位优化原则

立体仓库的主要职能是存取货物，立体仓库合理的储位安排对自动化立体仓库的运转效率紧密相关。储位分配策略和方法对出入库作业效率影响很大，通常来说，一个拣选工人在仓库中的行走时间约占工作时间的 60%。科学合理的储位分配策略可以缩短拣选的行走距离，提高出入库以及拣货的准确率，提升仓库的运作效率，快速满足订单需求，同时可以降低补货的劳动强度，提高设备能动率，降低能耗。所谓的储位优化就是指对自动化立体仓库的高层货架以及货格进行合理的分配，而随着生产需求和库存策略变化就会产生新的储位分配问题，因此储位优化模型也会随之改变。

储位优化的原则有很多，仓库管理人员需要针对立体仓库自身的条件与特点对这些原则进行选择性使用以达到需要改善的目标。主要原则有：

（一）重量特性原则

重量特性原则是指根据货物的重量大小从而决定货物放置于货架的高低位置。一般来说为使货架稳定，质量大的货物放在下层货架，质量小的放在上层货架。除降低货物重心之外，还要将货物分散存放在货架上，避免因集中存放而使货格受力不均发生事故。

（二）先入先出原则

先入先出是指按照货物出入库的时间先后安排货位，即先入库的货品安排在离出口近的位置，后入库的货物安排在离出口远的位置。先入先出的原则可以避免货物因长期积存而导致腐蚀、变质等问题发生。并且可以加快物料的周转速度。

（三）就近出入库原则

就近出入库原则就是将周转率大且货物流动密度大的货物安排在货位的黄金区域。黄金区域通常是指在仓库内部，方便人员操作，容易搬运，方便拣货员拣货的区域。高周转率的货物放置在“黄金区域”可以减少弯腰和拿取的动作，在整体上可以缩短拣选人员的拣选路径，节省拣选时间。

（四）分巷道存放原则

在多巷道立体仓库中，进行入库作业货位分配时，将同种货物或者需求频率高的货物分散在不同的巷道，这样就能同时在几个巷道进行拣货作业，平衡各工作区域的工作量，有效防止因某一区域集中作业引起拥堵或某一巷道发生故障而造成无法作业，避免订单的响应时间过长或无响应而影响货物的出入库效率。

（五）货物属性原则

货物本身的属性多种多样，因此基于货物属性的原则有较多，包括尺寸原则、相容性、互补性、相关性原则等。尺寸原则是指在进行货位优化过程中为充分利用空间要将货物的单位尺寸和体积大小考虑在内；相容性原则是为了避免两种不相容的货物放在一块而损坏质量；互补性原则是将互补性高的货物放在相近位置，这样在缺货情况下可以快速找到替代货物；相关性原则是将相关性大的货物尽可能存放在相近位置，通常可以通过对以往的订单数据进行分析来判断货物键关联性大小，这种关联性可以是同种类型货物或者是同一工作原理以及使用功能的相互联系。

二、储位优化方法

储位优化有很多方法，可以通过不同的方法实现储位优化目标，而对于不同类型的仓库，有不同的储位优化目标，如表7－1所示。

表7－1　不同类型仓库储位优化的目标

仓库	储位优化目标
传统立体仓库	提高工作效率
库场资源紧张的仓库	提高库场空间利用率
发达的第三方物流企业	降低设备使用费用
大型自动化程度高的立体仓库	可视化管理
以大集体为中心，多供应商、销售商为辅的发达供应链系统	保持最小库存

为实现储位优化的目标，主要有以下四种方法（见表7－2）。

表7－2　储位优化的途径

方法	特点
ABC分类法	按照出库的频率将存货从频率高到低分为A、B、C三类。一般来说，A类货品出库频率最高，放置于靠近仓库出口的区域；B类产品频率一般，存放在仓库中间的区域；C类货品的出库频率最低，放在仓库最深处。需要注意：随着时间变化，货物的需求发生变化，A、B、C分类也随之变化，所以分类时需要注意数据的时效

续表

方法	特点
将货物进行相关性分类	按照货物某项或几项属性进行分类，相关性较大的货物放在相邻的位置，这样可以减少货物的出入库次数和操作人员的工作量
平衡各区域的工作量	控制仓库中每个区域的进出库量在差不多水平，避免拣选、出入库操作时造成拥堵，浪费不必要的等待时间
分开存放容易混淆的货品	在人工操作的仓库，把容易混淆的货品分开存放，可以避免拣选员花费额外时间，防止拣错货物

三、储位优化步骤

一般来说，储位优化有 6 个步骤，如图 7 –1 所示。

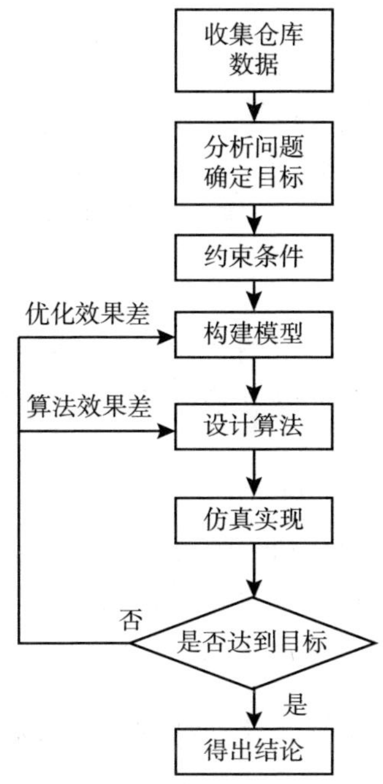

图 7 –1 储位优化的步骤

步骤 1：收集仓库数据。

收集仓库内货位特性、货物资料、周转率等，并为建立模型提供假设。

步骤2：分析存在的问题，确定优化目标。

如图7-2所示，仓储系统的储位优化目标主要为两种，即效果性目标和限制性因素完成目标。效果性目标针对提高和改善仓储系统的效率，由企业的生产需求和战略发展等外部因素决定；限制性因素完成目标指在进行货位分配时必须考虑的某种限制条件，由货物本身的属性和货架属性决定。这两种目标通常是相互影响、相互制约的。

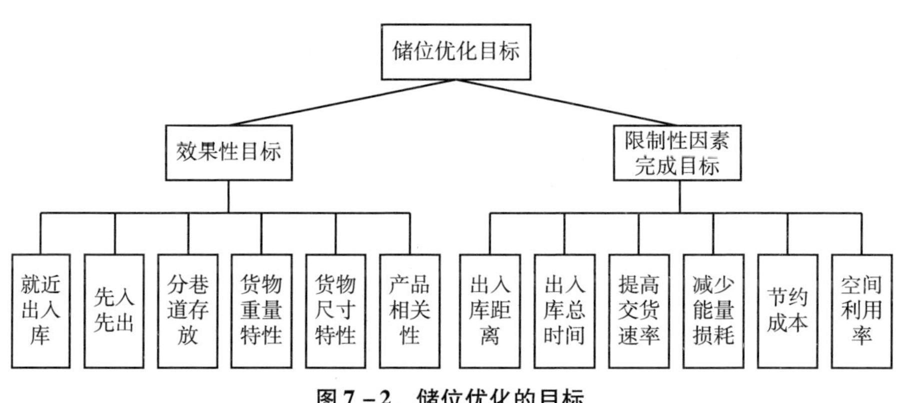

图7-2 储位优化的目标

步骤3：确定约束条件。

根据上一步的优化目标，分析货位优化问题需要满足的限制条件，根据条件建立储位优化模型的约束条件集合，为建立储位优化模型做好准备。

步骤4：建立多目标数学模型。

首先，对储位优化问题作假设，方便建立数学模型。然后，根据立体仓库优先级较高的优化目标并综合考虑仓储作业的约束条件，建立储位优化数学模型。对于解决多目标优化问题，选择合适的算法进行求解。

步骤5：选择合适的算法并改进。

选择和设计算法是解决货位优化问题中重要的一步，它包括选择一个合适的解决方法、改进和设计算法，验证算法的正确性来保证最终的货位分配是科学合理的。

步骤6：仿真实现与分析。

应用软件进行仿真，证明模型和算法的可行性和有效性，如果有可能还可以对比分析不同算法。

四、储位优化策略

储位优化不仅要考虑储位优化的原则，还要综合储位优化的策略进行考虑，这样才能提高仓库的运作效率。选择适合的储位优化策略，可以充分利用仓库空间（见表7－3）。

表7－3　储位优化策略比较

存储策略	优点	缺点	适用情况
定位储存	①储存位置固定，便于拣选人员容易熟悉储位； ②按周转率安排储位，缩短出入库的搬运距离和时间； ③根据货物属性调整储位，最小化影响	①需要较多的存储空间； ②单位面积的空间利用率低	适用于仓库空间大或者多种少量的货物的储存
分类储存	①便于销售量高的货物的存取； ②分区内可以进一步设计储位，便于储存	①储位空间的平均使用效率低； ②对货品进行分类工作量大并且不容易确定	适用于相关性大、周转率差别很大或者产品尺寸相差很大的产品
随机存储	①储位可以随机选择； ②储位利用效率最高	①不利于出入库管理、拣选作业和盘点工作； ②可能会增加搬运距离，可能会造成产品的二次伤害	适用于空间有限的仓库或种类少而体积较大的货物
按体积订单指数（COI）	①使最大数量的存货尽可能移动最短的距离； ②考虑货物体积因素	需要仓库完备的统计资料	仓库中货物种类和周转率增长要稳定
按货物流量存储	将周转量大的货品存储在出入库位置，缩短出货时间	没有考虑货品特性	货物特性相近、规格统一，仓库货物种类少

第二节　储位优化问题描述

通过对客户历史订单分析，发现B2C电商订单的平均订单行为1.8，即每个订单订购1.8个产品品项。那出现同一订单中的品项，它们的货位应该如何分配?

在Amazon美国第八代配送中心，采用Kiva机器人移动货架至拣选人员面前由人工进行拣选作业，而品项的入库货位安排为随机储存，以提高入库作业效率；传统的三层货架人工拣选作业情况下，货位安排策略中相关性强的要距离更近，以缩短人员行走距离，提高作业效率；集中式AS/RS中，为提高作业效率，减少订单等待时间，均衡多巷道设备使用率等，尽可能将同一订单中不同品项分配至多个巷道，在具体货位分配时，综合考虑出入库次数等因素。

在B2C电商物流中心，品项数量很多，虽然都分类划分仓库和库区，但每一小类的产品（例如国内某B2C电商的服饰类下的女装小类）也需要多个巷道来满足储存需求，因此多巷道储存成为必然。由于分散式AS/RS每个巷道，每层均有设备，因此，本章研究的货位分配和优化问题，不仅将品项分配到巷道，还需要考虑层和列的安排，以此提高订单反应速度和系统作业效率。

完成一个订单的作业时间由三部分组成，一是品项从货位由穿梭车运至每层I/O的时间，二是由提升机将其从层I/O运至该巷道I/O的时间，三是完成从巷道I/O运行至拣选台的时间。本章的研究对象，第三部分的时间是固定，而前两部分的时间是由该品项的货位所决定的；同时当订单包含多品项时，可能造成品项出库作业的等待，延长该订单的执行时间。因此，针对多品项订单，货位如何安排，是本章的研究重点。

根据前面的描述，为充分利用多台设备并行作业的优势，减少品项等待时间，若两个品项出现在同一订单中的频率越高，说明两品项间的相关性越强，应该把它们尽量分配在不同巷道中，如果在同一巷道中，则应考虑分配至不同层。

在后文的分析中，均假设每种品项对应一个周转箱，而每个周转箱分配一个货位，即同一品项的产品均存储在单一货位中。研究对象的巷道数量K是确定的，且巷道内货架结构完全相同，即货架层和列均固定，且完全相同。

本章通过对分散式AS/RS订单的处理总时间与存储区品项分配的不同方案进行作业时序分析，建立作业时间数学模型；利用设备并行作业，提高节省的时间；根据历史数据统计品项间的相关性，并优化启发式聚类方法，将达到将相关性强的品项不分配到不同巷道不同层的目的；并对货位进行了具体分配。对货位分配策略进行了不同的组合，制订了 7 种货位分配方案，根据某 B2C 电商订单数据进行仿真分析，以验证不同货位匹配方案在提高系统效率方面的有效性。

第三节 多巷道分散式 AS/RS 作业时间分析

储位分配优化问题的目标是压缩存储订单商品周转箱的出库时间，出库时间分为设备运行时间和订单等待时间组成，因此需要分别压缩订单等待时间和设备的运行距离。

当单一订单包含多品项时，这些品项的所在货位影响了设备的运行效率，从而导致系统作业效率。下文以单一订单包含双品项分析不同货位策略对系统效率的影响。

一、单巷道单层作业时间分析

当单一订单包含双品项时，如果这两个品项在同一巷道同一层货位，则需要同一穿梭车依次进行取货作业，当第一品项达到品项所在层的出入口时，穿梭车返回取第二个品项，同时提升机进行作业，作业时序图如图 7 -3 所示。

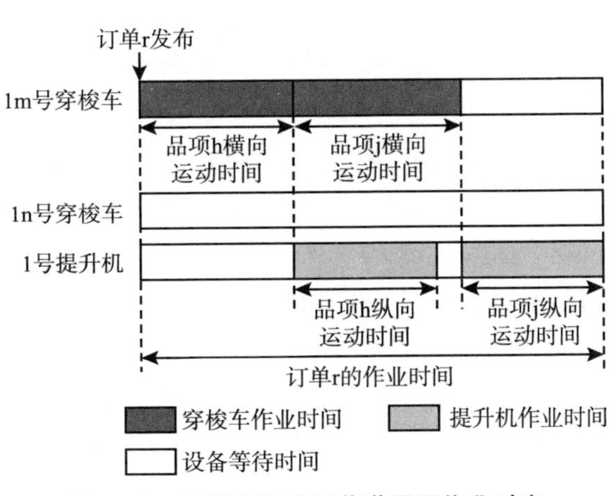

图 7 -3 双品项订单同巷道同层作业时序

根据作业时序图，指定订单 r 同时包含 h 和 j 两个品项时，两个品项为同巷道同层时作业时间函数，见式（7－1）：

$$T_{hj}^{1} = \max[(OTS_{rh}^{p} + OTE_{rh}^{p}), (OTS_{rh}^{p} + OTS_{rj}^{p})] + OTE_{rj}^{p} \quad (7-1)$$

二、单巷道多层作业时间分析

当单一订单包含双品项时，如果这两个品项在同一巷道但不同层货位，则两台穿梭车同时进行取货作业，当第一品项达到品项所在层的出入口时，提升机进行作业，作业时序图如图 7－4 所示。

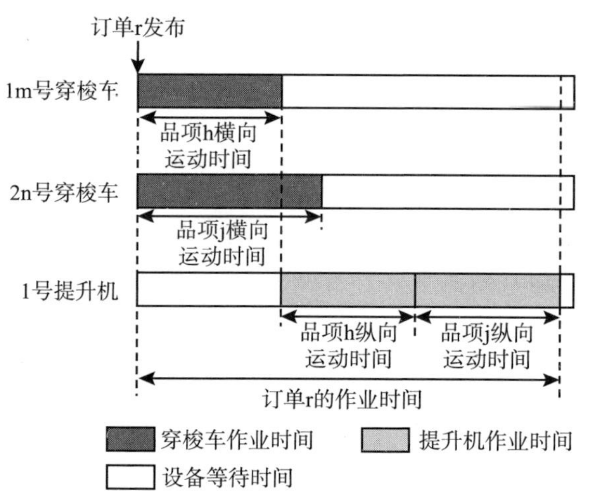

图 7－4　双品项订单同巷道双层作业时序

如果两个品项为同巷道非同层时，作业时间函数见式（7－2）：

$$T_{hj}^{2} = \max[(OTS_{rh}^{p} + OTE_{rh}^{p}), OTS_{rj}^{p}] + OTE_{rj}^{p} \quad (7-2)$$

三、多巷道多层作业时间分析

当单一订单包含双品项时，如果这两个品项在不同巷道，则两台穿梭车同时进行取货作业，当任一品项达到品项所在层的出入口时，该巷道提升机则进行作业，作业时序图如图 7－5 所示。

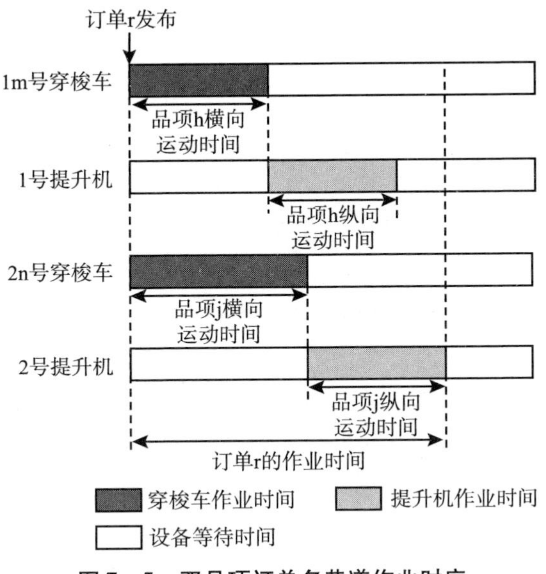

图7－5　双品项订单多巷道作业时序

如果两个品项为非同巷道时，作业时间函数见式（7－3）：

$$T_{hj}^{3}=\max[(OTS_{rh}^{p}+OTE_{rh}^{p}),(OTS_{rj}^{p}+OTE_{rj}^{p})] \quad (7-3)$$

四、三种情况作业时间比较分析

比较第二种情况和第一种情况的作业时间，可得同巷道非同层情况下作业时间比同巷道同层的作业时间短，节约的作业时间为 ST_{hj}^{1}，见式（7－4）：

$$ST_{hj}^{1}=\max[(OTS_{rh}^{p}+OTE_{rh}^{p}),(OTS_{rh}^{p}+OTS_{rj}^{p})]-\max[(OTS_{rh}^{p}+OTE_{rh}^{p}),OTS_{rj}^{p}] \quad (7-4)$$

比较第三种情况和第二种情况的作业时间，可得非同巷道情况下作业时间比同巷道同层的作业时间短，节约的作业时间为 ST_{hj}^{2}，见式（4－5）：

$$ST_{hj}^{2}=\max[(OTS_{rh}^{p}+OTE_{rh}^{p}),OTS_{rj}^{p}]+OTE_{rj}^{p}-\max[(OTS_{rh}^{p}+OTE_{rh}^{p}),(OTS_{rj}^{p}+OTE_{rj}^{p})] \quad (7-5)$$

因此，可得到三种情况下的作业时间大小为：

$$T_{hj}^{3}\leqslant T_{hj}^{2}\leqslant T_{hj}^{1} \quad (7-6)$$

第四节 分散式AS/RS作业时间建模

根据本章第二节的分析可知，由于分散式AS/RS具有多巷道，单个巷道由多个穿梭车完成水平运作作业，因此对于分散式AS/RS的储位优化设计分为2个层次，首先对于单张订单来说，所需品项尽可能地分配到不同巷道，如果分配到相同巷道，则尽可能分配到不同货架层，以此来让设备并行作业，从而节约订单的等待时间；其次对多张订单来说，按订单出库频率排序，出库频率高的商品则优先安排离出库口近的货位，缩短设备的运行距离，不仅可以压缩出库作业时间，而且可以降低设备能耗。

首先制定第一个层次的目标函数，即压缩每张订单的出入库作业时间，即实现节约时间的最大化：

$$\min \sum_{r=1}^{RN} T_r = \max \sum_{r=1}^{RN} ST_r \tag{7-7}$$

符号定义：

T_r，第r个订单的作业时间；

ST_r，第r个订单节约的作业时间；

对式（4-7）进行转换，得到匹配目标函数式（7-8）、式（7-9）、式（7-10）、式（7-11）对目标函数中的变量进行定义，设订单数量是RN，仓储系统巷道数是K，货架层数为F，品项数为SN。

$$\min \sum_{r=1}^{RN} \left(\sum_{k=1}^{K} \sum_{f=1}^{F} \sum_{j=1}^{SN} y_{rj} \cdot x_{kj} \cdot z_{kfj} \right) \tag{7-8}$$

$$y_{rj} = \begin{cases} 1, & \text{订单 r 包含品规 j} \\ 0, & \text{订单 r 不包含品规 j} \end{cases},\ 1 \leqslant j \leqslant SN,\ 1 \leqslant r \leqslant RN \tag{7-9}$$

$$x_{kj} = \begin{cases} 1, & \text{品项 j 分配到巷道 k 中} \\ 0, & \text{品项 j 未分配到巷道 k 中} \end{cases},\ 1 \leqslant j \leqslant SN,\ 1 \leqslant k \leqslant K \tag{7-10}$$

$$z_{kfj} = \begin{cases} 1, & \text{品项 j 分配到 k 巷道 f 层中} \\ 0, & \text{品项 j 未分配到 k 巷道 f 层中} \end{cases},\ 1 \leqslant j \leqslant SN,\ 1 \leqslant f \leqslant F,\ 1 \leqslant k \leqslant K \tag{7-11}$$

设每个品项只能放到单一巷道单一层货架上，且每个巷道最多可以放 Max_1 个品项，单项道单层可以放 Max_2 个品项，则限制条件为：

$$\text{s.t.}\begin{cases}\sum_{k=1}^{K} x_{kj} = 1,\ j = 1,\ \cdots,\ SN \\ \sum_{f=1}^{F} f_{zj} = 1,\ j = 1,\ \cdots,\ SN \\ \sum_{j=1}^{SN} x_{kj} \leqslant Max_1,\ k = 1,\ \cdots,\ K \\ \sum_{j=1}^{SN} z_{kfj} \leqslant Max_2,\ k = 1,\ \cdots,\ K;\ f = 1,\ \cdots,\ F \\ Max_2 = \dfrac{Max_1}{F}\end{cases} \tag{7-12}$$

在目标函数式（7－8）中，x_{kj}和z_{kfj}为该模型中的决策变量，两者之间具有一定的关联性，品项的分配方案将决定这两个决策变量。因此我们可以引入相似系数，来替代这两个决策变量。设品项 j 和品项 h 两者之间的相似系数为IS_{jh}，则目标函数式（7－8）中可转化为式（7－13）。

$$\min \sum_{r=1}^{RN} \left(\sum_{k=1}^{K} \sum_{z=1}^{Z} \sum_{j=1}^{SN} y_{rj} \cdot IS_{jh} \right) \tag{7-13}$$

第五节　品项聚类

一、品项相似系数

品项分配货位的过程类似于聚类的过程，而聚类需要变量间的距离。在工业工程领域，为优化设备的加工路径，常引入零部件间的相似系数，以提高加工效率。因此，本章也采用工业工程领域的相似系数方法，根据订单，计算两两品项间的重合度，为品项分配做准备。表 7－4 为工业工程领域常用的 11 中相似系数计算公式。

表 7－4　工业工程领域常用的相似系数

系数编号	名称	定义
1	Jaccard	$\frac{a}{a+b+c}$

续表

系数编号	名称	定义
2	Yule	$\frac{ad-bc}{ad+bc}$
3	Sorenson	$\frac{2a}{2a+b+c}$
4	Hamann	$\frac{(a+d)-(b+c)}{(a+d)+(b+c)}$
5	Rogers and Tanimoto	$\frac{a+d}{a+2(b+c)+d}$
6	Sokal and Sneath	$\frac{2(a+d)}{2(a+d)+b+c}$
7	Russel and Rao	$\frac{a}{a+b+c+d}$
8	Baroni – Urbani and Buser	$\frac{a+(ad)^{1/2}}{a+b+c+(ad)^{1/2}}$
9	Simple matching	$\frac{a+d}{a+b+c+d}$
10	Ochiai	$\frac{a}{[(a+b)(a+c)]^{1/2}}$
11	Phi	$\frac{ad-bc}{[(a+b)(a+c)(b+d)(c+d)]^{1/2}}$

以上为学者们提出的计算两种机器相似系数的公式 S_{ij}，这些公式部分或全部引入 a、b、c、d 四个变量来制定相似系数。a 表示需要机器 i 和 j 加工的零件数；b 表示只需要机器 i 加工的零件数；c 表示只需要机器 j 加工的零件数；d 表示不需要机器 i 和 j 加工的零件数。

在物流作业中，为提高订单拣选系统的效率，拣选系统品项分配研究中也多引入相似系数表示品项间关系。Jane C C 引入两品项同时出现在同一订单中的次数之和来表示品项相似系数，但该系数和订单中单一产品订货量没有关联；张贻弓引入单一品项在单一订单中的订货量这一变量，对 Jane C C 的相似系数进行优化，提出了 2 个相似系数（见表 7 –5），并仿真验证其优化效果。王文蕊（2014）引用上表中的 11 种相似系数计算公式，用于电商并行拣选系统的研究，经仿真，Russel and Rao 提出的相似系数计算公式，适用于 B2C 电商订单特点。

表 7-5 拣选领域相似系数表

系数编号	名称	定义
21	Jane C C	$\sum x_{ijh}$
22	Yigong Zhang	$\sum (Q_{ij} + Q_{ih}) \cdot x_{ijh}$
23	Yigong Zhang	$\sum Q_{ij} \cdot Q_{ih} \cdot x_{ijh}$

设品项相似系数 IS_{ij}，要得到任意两品项之间的相似系数，首先需要对计算出 a、b、c、d，代入公式中，计算得到相似系数。结合学者的研究，文章对相似系数进行改进，从而得到不同的相似系数。

为便于计算，需要定义一个向量 V_j，该向量维度等于订单数，表示第 j 个品项在每张订单中的存在情况。

方案 1：
$$V_j^1 = (y_{1j}^1, \cdots, y_{rj}^1, \cdots, y_{RNj}^1),\ 1 \leqslant j \leqslant RN \tag{7-14}$$

$$y_{rj}^1 = \begin{cases} 1, & q_{rj} > 0 \\ 0, & q_{rj} = 0 \end{cases} \quad 1 \leqslant r \leqslant RN,\ 1 \leqslant j \leqslant SN$$

$$a^1 = \sum_{r=1}^{RN} y_{rj}^1 \cdot y_{rh}^1 = V_j^1 \cdot V_h^1,\ 1 \leqslant j,\ h \leqslant SN$$

$$b^1 = \sum_{r=1}^{RN} y_{rh}^1 - a^1 = V_h^1 \cdot V_0^1 - a^1,\ 1 \leqslant h \leqslant SN$$

$$c^1 = \sum_{r=1}^{RN} y_{rj}^1 - a^1 = V_j^1 \cdot V_0^1 - a^1,\ 1 \leqslant j \leqslant SN$$

$$d^1 = RN - a^1 - b^1 - c^1$$

将 $a^1b^1c^1d^1$ 四个变量，代入表 7-4 中的 11 个公式，可计算出 11 组相似系数 IS_{ij}。

方案 2：

$$a^2 = \sum_{r=1}^{RN} (y_{rj}^1 \cdot y_{rh}^1) \cdot (q_{rj} + q_{rh}),\ 1 \leqslant j,\ h \leqslant SN \tag{7-15}$$

方案 3：

$$a^3 = \sum_{r=1}^{RN} (q_{rj} \cdot q_{rh}) \cdot y_{rj}^1 \cdot y_{rh}^1,\ 1 \leqslant j,\ h \leqslant SN \tag{7-16}$$

方案 1 中的 a^1 和方案 2、方案 3 中的 a^2、a^3，分别代表表 2 中的 3 组相似系数 IS_{ij}。

设品项分别采用这 14 种方法计算了 B2C 订单中的 189 个品项的相似

度，结果发现表7-4中的2号和11号系数，不符合B2C订单的特性，因此将该算法计算的相似系数结算删除，不予考虑，仅考虑余下的12种计算结果。

二、基于品项相似系数的两阶段K均值聚类

关于聚类分析的方法较多，包括系统聚类法、分解法、加入法、动态聚类法、有序样品聚类、有重叠聚类和模糊聚类等。传统的聚类算法可以被分为五类：划分方法、层次方法、基于密度方法、基于网格方法和基于模型方法。

虽然层次聚类法具有直观性强等优点，由于层次聚类法的聚类过程逐层进行，事先不能准确确定类的数量，同时计算量较大，因此不适合研究背景。根据系统需求，需要事先根据货架系统结构等参数来确定分类的数量，因此采用K均值聚类比较合适，另外K均值聚类事先需要确定要分的类别数据，计算量要小得多，效率比层次聚类要高，也被称为快速聚类（quick cluster）。

基于相似系数的K均值聚类过程如下：

第一阶段，将品项进行第一次聚类，分配到不同的巷道。

步骤1：根据货架巷道数量K，确定要分的类别数目K。

步骤2：确定K个类别的初始聚类中心；虽然使用SPSS进行聚类时，也可以由系统自动指定初始聚类中心；但为了提高效率和准确度，选择相似系数IS_{ij}最大值的K个品项作为K个类的中心（如果最大相似系数IS_{ij}中的品项已经作为中心，则寻找次大值，依次类推，直至找到K个品项为止）。

步骤3：根据确定的K个初始聚类中心，根据两两品项之间的反相似系数IS_{ij}越小越聚拢的原则，将所有的品项分到事先确定的K个类别中；迭代5次，第一阶段聚类结束。

第二阶段，分别将K个类别中的品项进行第二次聚类，分配到货架的不同层。

步骤1：根据货架层数F，确定要分的子类别数目F。

步骤2：确定F个子类别的初始聚类中心；同样，为了提高效率和准确度，选择相似系数IS_{ij}最小值的H个品项作为F个子类的中心（如果最大相似系数IS_{ij}中的品项已经作为中心，则寻找次大值，依次类推，直至

找到 H 个品项为止)。

步骤3:根据确定的 F 个初始聚类中心,根据两两品项之间的相似系数 IS_{ij} 越小越聚拢的原则,将所有的品项分到事先确定的 F 个子类别中;第二阶段聚类结束。

三、基于节约里程法的多层次启发式聚类算法

将相似系数大的品项分配到不同的巷道(层),可利用设备的并行效应提高作业效率,节约作业时间。在经典问题 VRP 中,节约里程法是用来解决运输车辆数目不确定的最有名的启发式算法之一。因此借鉴该算法,来解决品项巷道(层)的分配问题,提出多层次启发式聚类算法。

首先将分配品项到不同的巷道,然后再分配品项到层,层的分配和货位的分配应结合 COI。

第一阶段,将品项进行第一次聚类,分配到不同的巷道:

步骤1:根据多穿系统的巷道数量 K,制定 K 个品项集 IC_k;

步骤2:计算品项间的相似系数矩阵,并将相似系数 IS_{ij} 按照从大到小排列;

步骤3:执行步骤3.1~3.4,直至所有品项已分配完毕。

步骤3.1:依次取 IS_{ij} 中 i 和 j 品项,如果这两个品项已经被分配至品项集中,则删除此 IS_{ij},转向步骤3;如果其中一个品项已被分配至某个品项集 IC_k 中,则转向步骤3.2;如果两个品项均没有被分配至任何一个品项集中,则转向步骤3.3:

步骤3.2:分别计算该品项和 K 个品项集 IC_k(要求品项集内品项数量 $CountK_i \leq MAX_1$)的新相似系数,并将该品项分配至相似系数最小的品项集且保证该品项集内品项数量,删除此 IS_{ij},转向步骤3;

步骤3.3:分别计算 i 和 j 品项和 K 个品项集 IC_k 的相似系数(要求品项集内品项数量 $CountK_i \leq MAX_1$),选择最小的相似系数,将该品项并入最小相似系数的品项集,转向步骤3.2;

步骤4:将未分配品项集的品项随机,按照顺序依次分配至 K 个品项集(要求品项集内品项数量 $CountK_i \leq MAX_1$),停止。

第二阶段,将每一巷道内的品项分配至不同的层:

依次将 K 个巷道内的品项集 IC_k,按照第一阶段的方法,分别分配到 F 个子品项集 ISS_{kh},要求子品项集内品项数量 $CountF_i \leq MAX_2$。

第六节　基于聚类的货位优化策略

一、品项物流价值建模

（一）品项历史物流价值

品项历史物流价值（item history logistics value，IHLV）：用于说明该品项之前对出库作业次数的影响程度。一般利用IK（品项被定频次）进行分析，由于IK是历史数据，因此定义为品项历史物流价值。

设 $IHLV_i^t$ 为品项i第t个周期的历史物流价值，则需要利用上个周期，即t－1个周期内的品项被定频次数据作为计算依据，见式（7－17）。

$$IHLV_i^t = \frac{IK_i^{t-1}}{ON} \tag{7-17}$$

（二）品项未来物流价值

品项未来物流价值（item history logistics value，IFLV）：用于说明该品项未来对出库作业次数的影响程度。传统研究中，一般利用IK（品项被定频次）进行分析，但由于IK是历史数据，同时电商环境下，历史数据的可靠性降低，因此引入品项价格折扣比率（discount ratio，DR），共同测算品项未来物流价值。

设 $IFLV_i^t$ 为品项i第t个周期的未来物流价值，则需要利用t－1个周期内的品项被定频次数据和第t个周期内的品项价格折扣比率共同作为品项未来物流价值的计算依据，见式（7－18）。

$$IFLV_i^t = \alpha \times \frac{IK_i^{t-1}}{ON} + (1-\alpha) \times DR_i^t \tag{7-18}$$

二、基于聚类算法的随机货位优化策略

基于品项聚类结果，进行货位优化。首先依次将K个品项集 IC_k 随机分配到K个巷道；其次在单一巷道内，依次完成F个子品项集 ISS_{kh} 的货

位分配，即同样采用随机的方式依次将 F 个子品项集 ISS_{kh} 分配至该巷道的 F 个层；最后在单一巷道单一货架层内，随机分配品项位置，基于聚类算法的随机货位优化策略完成（见图 7－6）。

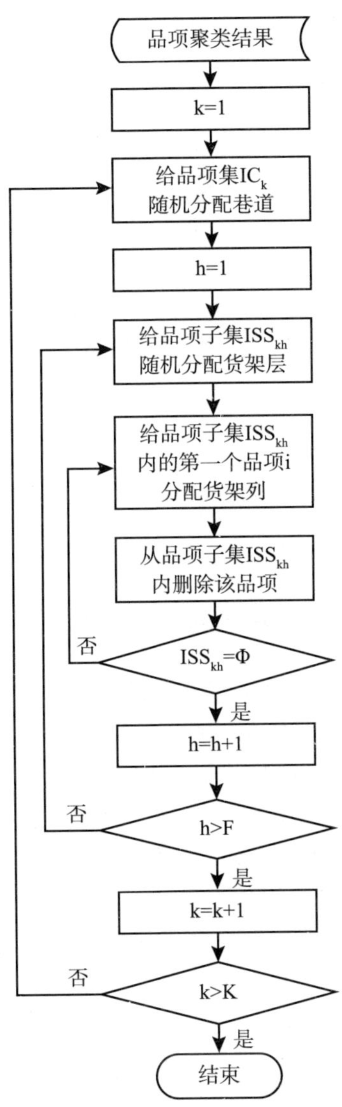

图 7－6　基于聚类算法的随机货位分配流程

三、基于聚类算法及 IHLV 的货位优化策略

（一）品项子集和品项集的 IHLV 计算

品项子集历史物流价值，将 ISS_{kh} 内的品项价值加和，则第 k 个品项集内的第 h 个子集的品项历史物流价值计算公式为：

$$ISSHLV_{kh} = \sum_{i=1}^{IN} IHLV_i = \sum_{i=1}^{IN} \frac{IK_i}{ON}$$

$$s.t. \begin{cases} Lz_i = k \\ Ly_i = h \end{cases} \tag{7-19}$$

同理，品项集历史物流价值：将 IS_k 内的品项价值加和，见式（7-20）。

$$ISHLV_k = \sum_{i=1}^{IN} IHLV_i = \sum_{i=1}^{IN} \frac{IK_i}{ON}$$

$$s.t. \{ Lz_i = k \tag{7-20}$$

根据式（7-17）、式（7-19）、式（7-20），完成品项子集历史物流价值和品项集历史物流价值的计算。

（二）基于聚类算法及 IHLV 的货位优化

于本章第五节的聚类方法及本节的品项集历史物流价值、品项子集历史物流价值计算结果，进行货位优化（见图 7-7）。步骤 1，分配品项所处货位的“排”，将品项集历史物流价值 ISHLV 从大到小排序，历史物流价值最高的品项集，放在离系统出入口 I/O 最近的巷道；同理，历史物流价值最低的品项集，放在离系统出入口 I/O 最远的巷道；如果每个巷道均有 I/O，则随机分配；步骤二，分配品项所处货位的“层”，将每个巷道内品项子集 ISSHLV 按照历史物流价值从大到小排序，历史物流价值最高的品项子集，放在该巷道最低层；依次分配品项子集至所在排的货架层；步骤三，分配品项所处货位的“列”，在每层，按照品项历史物流价值大小排序，历史物流价值越大的品项，离该层出入口越近，直至所有品项货位分配完毕。

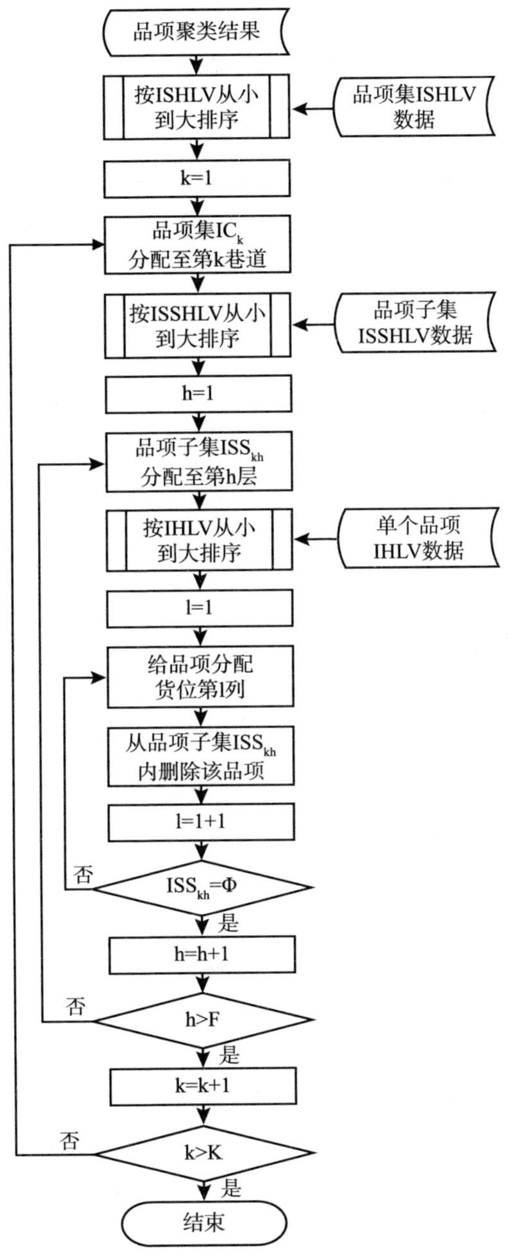

图7-7 基于聚类算法及IHLV的货位分配流程

四、基于聚类算法及IFLV的货位优化策略

（一）品项、品项子集和品项集的IFLV计算

品项子集未来物流价值，将 ISS_{kh} 内的品项价值加和，则第k个品项集内的第h个子集的品项未来物流价值计算函数为：

$$ISSFLV_{kh} = \sum_{i=1}^{IN} IFLV_i = \sum_{i=1}^{IN} \alpha \times \frac{IK_i}{ON} + (1-\alpha) \times DR_i$$

$$\text{s. t.} \begin{cases} Lz_i = k \\ Ly_i = h \end{cases} \tag{7-21}$$

同理，品项集未来物流价值：将 IS_k 内的品项价值加和，见式（7－22）。

$$ISFLV_k = \sum_{i=1}^{IN} IFLV_i = \sum_{i=1}^{IN} \alpha \times \frac{IK_i}{ON} + (1-\alpha) \times DR_i$$

$$\text{s. t.} \{ Lz_i = k \tag{7-22}$$

根据式（7－18）、式（7－21）、式（7－22），完成品项子集未来物流价值和品项集未来物流价值的计算。

（二）基于聚类算法及IFLV的货位优化

同理，基于本章第五节的聚类方法及本节的品项集未来物流价值、品项子集未来物流价值计算结果，进行货位优化（见图7－8）。步骤一，分配品项所处货位的“排”，将品项集未来物流价值ISFLV从大到小排序，未来物流价值最高的品项集，放在离系统出入口I/O最近的巷道；同理，未来物流价值最低的品项集，放在离系统出入口I/O最远的巷道；如果每个巷道均有I/O，则随机分配；步骤二，分配品项所处货位的“层”，将每个巷道内品项子集ISSFLV按照未来物流价值从大到小排序，未来物流价值最高的品项子集，放在该巷道最低层；依次分配品项子集至所在排的货架层；步骤三，分配品项所处货位的“列”，在每层，按照品项未来物流价值大小排序，未来物流价值越大的品项，离该层出入口越近，直至所有品项货位分配完毕。

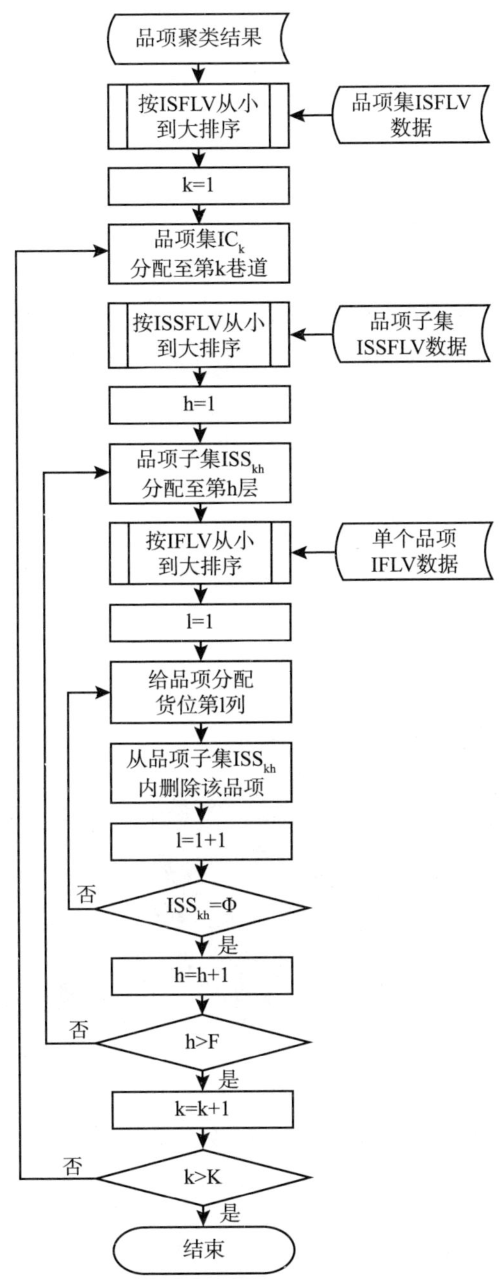

图7-8　基于聚类算法及IFLV的货位分配流程

第七节　仿真分析与验证

一、构建仿真模型

以国内某大型 B2C 电商企业为背景，结合其实际数据，构建分散式 AS/RS；将本章第四节和第五节的储位优化策略和传统的储位优化策略进行对比分析，以找到效率最高的储位分配模式。

设分散式 AS/RS 为双巷道，每巷道由一台提升机负责垂直作业；货架层数为 4，单层高度为 3 米，每层配备一台穿梭车以完成水平作业；货架列数为 25，列宽为 2 米，至少可满足 200 个品项储存需求。货物出库后，由输送机后将其输送至拣选站台，实现订单的拣选作业。构建仿真系统，斜视图如图 7－9 所示。

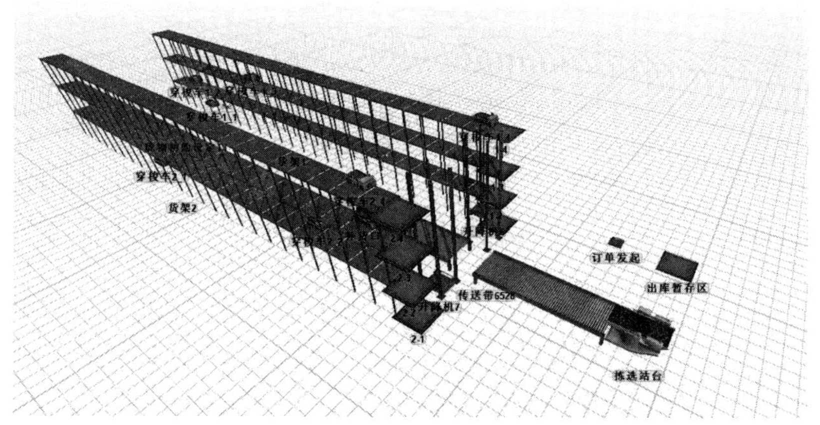

图 7－9　分散式 AS/RS 仿真系统（斜视）

系统内设备参数设置同第六章第二节，提升机垂直运动速率为 $v_{y2}=4m/s$，加速度 $a_{y1}=2m/s^2$；穿梭车水平运动速率为 $v_{x2}=4m/s$，水平加速度 $a_{x1}=2m/s^2$。三种设备每个取货/放货（包含伸叉、提叉/落叉、回叉）作业时间单元为 4s。

仿真流程入下：

（一）货物准备

在 0 时刻，初始货物设定口（发生器）向货架 1 和货架 2 发送所有货物，货物在到达货架的时候根据相应的货位分布策略进入指定的货位，完成仿真的 0 时刻入库操作。

（二）任务下达

订单在指定时刻由订单发起（发生器）发出，设托盘的类型值来模拟订单号，订单产生后立刻发到拣选站台（合成器），在拣选站台（合成器）的进入触发功能里读取订单全局表，更新合成器的合成数目，并且根据订单全局表里读取该订单所需要的货物，然后使用 sendmessage 命令向两个货架发送需要的货物。

（三）货物出库

货架在接收到拣选站台发送的 message 之后，遍历该货架是否有所需要的货物，如果有该货物，则使用 releaseitem 命令释放该货物，货物通过所在层的穿梭车完成水平出库的操作，再经过升降机及输送带发送到拣选站台（合成器）；如果该货架没有订单所需要的货物，则使用 addlabel 命令创建一个标签，标签的名字和内容都设置为所需的货物的类型值，如果有货物补入并且是所需的货物类型，则使用 releaseitem 命令使之出库。在货架出库的时候，在货架离开触发功能里设置，每当一个货物离开，则向补货口（发生器）发送消息，当补货口（发生器）收到补货的命令之后使用 insertcopy，setitemtype，colorarray 等命令产生需要补入的货物。

（四）订单拣选

在拣选站台（合成器）收到相应合成数目的货物的时候，完成该订单的拣选。

（五）准备下一个订单

当新订单离开订单发起（发生器），在离开触发功能里通过选定货架 1 和货架 2 的节点，使用 destroyobject( ) 命令删除货架中用于订单拣选创建的标签。

（六）整个系统订单分拣的过程由三个合成器同时进行，从而保证可同时触发多个订单，充分利用系统搬运设备的并行效应，从而有助于提高系统的分拣效率

二、原始数据采集及统计

（一）数据采集

数据采集工作包括两个阶段：一是统计数据，即上一个周期的订单，进行三类数据的分析统计，一是订单下达时间的分析统计，二是订单品项间相关性的分析统计，三是品项被定频次的统计；二是仿真数据，收集本周期的订单数据，并将订单数据输入到系统里，同时需要收集本阶段的品项价格折扣率数据，计算品项的历史物流价值和未来物流价值，以进行不同货位优化策略下的系统效率仿真。订单结构如图 7 - 10 所示。

	ORD_DATE	SKU_ID	QTY	ORD_ID
1	2016/10/9 1:07:00	265771-68a3e5516d7a7dc21fbe0e7ee13bfc1c	1	2016-10-09 00:58:17:791000
2	2016/10/9 1:07:00	265760-68a3e5516d7a7dc21fbe0e7ee13bfc1c	1	2016-10-09 00:58:17:791000
3	2016/10/9 1:00:00	41431-68a3e5516d7a7dc21fbe0e7ee13bfc1c	1	2016-10-09 00:59:59:110000
4	2016/10/9 1:00:00	1317810-68a3e5516d7a7dc21fbe0e7ee13bfc1c	1	2016-10-09 00:59:59:110000
5	2016/10/9 1:00:00	17306-68a3e5516d7a7dc21fbe0e7ee13bfc1c	1	2016-10-09 01:00:01:210000
6	2016/10/9 1:01:00	17274-68a3e5516d7a7dc21fbe0e7ee13bfc1c	1	2016-10-09 01:00:59:014000
7	2016/10/9 1:01:00	26870-68a3e5516d7a7dc21fbe0e7ee13bfc1c	1	2016-10-09 01:00:59:014000
8	2016/10/9 1:01:00	40392-68a3e5516d7a7dc21fbe0e7ee13bfc1c	1	2016-10-09 01:01:01:135000
9	2016/10/9 1:01:00	40392-68a3e5516d7a7dc21fbe0e7ee13bfc1c	1	2016-10-09 01:01:01:135000
10	2016/10/9 1:01:00	40392-68a3e5516d7a7dc21fbe0e7ee13bfc1c	1	2016-10-09 01:01:01:135000
11	2016/10/9 1:01:00	18390-68a3e5516d7a7dc21fbe0e7ee13bfc1c	1	2016-10-09 01:01:01:301000
12	2016/10/9 1:02:00	40392-68a3e5516d7a7dc21fbe0e7ee13bfc1c	1	2016-10-09 01:01:55:619000

图 7 - 10　某 B2C 电商订单一览

（二）数据处理

对统计数据进行处理，得到订单到达时间规律，订单到达时间相互独立，订单间隔按照正态分布，时间间隔均值 $\mu = 30.14s$，标准差 $\sigma = 18.52$，为方便计算，均值及标准差均取整数，因此订单到达时间间隔服从正态分布 N(30，361)。

仿真数据同样为该企业真实订单数据，数据结构和统计数据相同。搜集 4 个单位时间的数据作为仿真的样本数据。

三、品项聚类

根据第一周的订单数据，计算订单中 189 个品项间的两两相似系数 IS_{ij}。根据第七章第五节第一部分中介绍的 14 种相似系数计算公式，利用 Matlab 计算出 B2C 订单中的 189 个品项的 14 种相似度矩阵。结果发现表 7-4 中的 2 号和 11 号系数相似系数小于 0 的情况，不符合 B2C 订单的特性，因此将该算法计算的相似系数结算删除，不予考虑，仅考虑余下的 12 种计算结果；再对余下的 12 种相似度矩阵进行分析，表 7-4 中的第 7 种算法得到的结果相对较优，后文的品项聚类均在第 7 种算法的相似度矩阵上进行。

根据相似度矩阵可以看出，品项间相似系数很小，分析的 189 个品项，得到相似系数个数为 $C_{189}^{2}=17766$，仅 331 个为非 0 值（见附录四），这符合电商平台销售策略的长尾效应，也符合电商订单的特点。利用 331 个非 0 值进行品项聚类。

（一）基于相似系数的两阶段 K 均值聚类

第一阶段，将 189 个品项分为 2 类，分别放到 2 个巷道。第一步，剔出和任何其他品项均不相关的 19 个品项；第二步，根据本章第五节的基于相似系数的两阶段 K 均值聚类方法，找出相关系数最大的两个品项 8 和 48，作为 K 均值聚类的初始中心点；依次将品项与两类中的重心值计算，按照越小越聚拢的原则，将品项分配下去，同时保证每个类的品项数量不大于 100。

第二阶段，第一步，按照同样的方法，将每个巷道内的品项分为 4 个子类，依次放到每层货位，同时保证每个子类的品项数量不大于 25。第二步，将和其他品项不相关的 19 个品项进行手工调整，随机分配至 8 个子类中，且每个子类的品项数量不大于 25。聚类结果见表 7-6。

（二）基于节约里程法的多层次启发式聚类

第一阶段，将 189 个品项分为 2 类，分别放到 2 个巷道。第一步，剔出和任何其他品项均不相关的 19 个品项；第二步，根据本章第五节的基于节约里程法的多层次启发式聚类算法，依次完成品项的第一次聚类，同时保证每个类的品项数量不大于 100。

表7-6　基于相似系数的两阶段K均值聚类结果

类/巷道	子类/层	品项
一巷道	一层	5、6、8、22、23、25、28、63、73、80、81、99、113、116、121、132、135、142、144、151、157、172、175、180
	二层	24、33、36、44、47、49、52、58、65、68、76、66、92、103、105、114、126、145、158、165、166、171、178、181
	三层	9、16、17、21、31、32、39、42、57、60、74、75、82、95、124、149、152、162、163、167、176、182、185、189
	四层	1、7、13、15、27、35、40、45、53、59、70、83、96、98、102、108、118、127、143、155、161、173、186
二巷道	一层	11、34、37、48、62、67、78、79、86、94、100、101、104、110、111、122、130、140、141、147、153、164、179、184
	二层	26、38、54、66、84、85、90、91、107、112、115、123、125、129、134、137、138、139、148、156、168、169、170、188
	三层	2、4、10、12、18、20、29、41、46、55、69、71、89、93、97、109、119、128、146、150、159、177、183、187
	四层	3、14、19、30、43、50、51、56、61、64、72、87、88、106、117、120、131、133、136、154、160、174

第二阶段，第一步，按照同样的方法，将每个巷道内的品项分为4个子类，依次放到每层货位，同时保证每个子类的品项数量不大于25。第二步，将和其他品项不相关的19个品项进行手工调整，随机分配至8个子类中，且每个子类的品项数量不大于25。聚类结果见表7-7。

表7-7　节约时间法聚类结果

类/巷道	子类/层	品项
一巷道	一层	5、6、21、22、25、39、41、62、67、73、81、102、105、106、111、116、136、140、149、152、161、173、180、182
	二层	4、11、28、31、33、34、40、47、54、55、56、60、61、70、79、82、88、92、94、112、145、154、157、179

续表

类/巷道	子类/层	品项
一巷道	三层	9、14、23、42、43、52、57、64、68、74、83、86、97、103、107、117、122、129、142、151、158、160、168、181
	四层	1、7、8、17、24、30、49、50、51、65、69、76、89、99、110、121、132、135、144、147、164、172、175
二巷道	一层	15、18、29、32、53、59、71、72、75、78、85、90、96、98、108、119、138、148、155、163、167、171、178、187
	二层	19、20、27、37、44、58、63、77、84、93、101、109、120、124、125、127、131、133、159、176、185、186、188
	三层	2、12、16、26、35、36、46、48、80、87、91、95、113、114、137、139、146、153、165、170、174、177、184
	四层	3、10、13、45、66、100、104、115、118、123、126、128、130、134、141、143、150、156、162、166、169、183、189

四、仿真环境设置

为了检测品项聚类及储位优化策略对系统效率的影响，因此为仿真系统设置七种环境，以得出不同环境背景下的系统各项参数差异。在以下七种环境中，订单到达时间间隔均服从正态分布 N(30，361)，设备参数见本节第一部分。

环境一：随机储存策略。为 189 个订单随机分配货位，每种品项占仅占一个货位。

环境二：基于两阶段 K 均值聚类的分类随机策略，根据表 4－6 基于相似系数的两阶段 K 均值聚类结果，将 2 类/8 子类分配到巷道和层中，每层品项货物的具体位置，采用随机分配策略。

环境三：基于两阶段 K 均值聚类及 IHLV 的货位优化策略，根据表 7－6 基于相似系数的两阶段 K 均值聚类结果，将每个巷道内品项子集按照 IHLV 从大到小排序，IHLV 最高的品项子集，放在该巷道最低层，最低的放在最上层；在每层，IHLV 越大的品项，离该层出入口越近，IHLV 越小的品项，离该层出入口越远。货位分配方案见附录六—(一)。

环境四：基于两阶段 K 均值聚类及 IFLV 的货位优化策略，根据表 7－6

基于相似系数的两阶段 K 均值聚类结果，将每个巷道内品项子集按照 IFLV 从大到小排序，IFLV 最高的品项子集，放在该巷道最低层，最低的放在最上层；在每层，IFLV 越大的品项，离该层出入口越近，IFLV 越小的品项，离该层出入口越远。货位分配方案见附表五—9。

环境五：基于节约里程法的多层次启发式聚类的分类随机策略，根据表 7 - 7 基于节约里程法的多层次启发式聚类结果，将 2 类/8 子类分配到巷道和层中，每层品项货物的具体位置，采用随机分配策略。

环境六：基于多层次节约法聚类及 IHLV 的货位优化策略，根据表 7 - 7 基于节约里程法的多层次启发式聚类结果，进行 IHLV 货位优化，货位分配方案见附表六—14。

环境七：基于多层次节约法聚类及 IFLV 的货位优化策略，根据表 7 - 7 基于节约里程法的多层次启发式聚类结果，进行 IFLV 货位优化，货位分配方案见附表六—15。

五、仿真结果

将数据代入仿真模型并运行，得到七种库位分配策略下的 10 个指标数据，如表 7 - 8 所示。

表 7 - 8 将每个指标分别用深浅灰色表示出数据的大小。作业效率指标方面，系统作业时间从大到小依次为：随机货位分配策略、基于 K 均值聚类的随机货位分配策略、基于 K 均值聚类的 IHLV 货位优化策略、基于节约时间法聚类的随机货位分配策略、基于 K 均值聚类的 IFLV 货位优化策略、基于节约时间法聚类的 IHLV 货位优化策略、基于节约时间法聚类的 IFLV 货位优化策略。

六、储位优化结果分析

(一) 七种货位分配方案的比较分析

由表 7 - 8 中数据可知，基于节约时间法聚类、K 均值聚类基础上的三种货位优化策略都优于随机货位分配方式。

图 7 - 11 所示，在作业时间指标方面，相对于完全随机策略，基于节约时间法聚类的 IFLV 策略节约作业时间约为8.1%，基于节约时间法聚类

表 7-8 仿真结果指标数据一览

指标		随机货位分配策略	基于K均值聚类的随机货位分配策略	基于K均值聚类的IHLV货位优化策略	基于K均值聚类的IHLV货位优化策略	基于节约时间法聚类的随机货位分配策略	基于节约时间法聚类的IHLV货位优化策略	基于节约时间法聚类的IHLV货位优化策略
作业时间		16005.02	15509.70	15205.07	14999.51	15039.72	14934.07	14704.76
平均任务等待时间（秒）		681.36	263.16	179.90	116.42	110.98	112.38	48.38
平均作业周期（秒）		778.88	356.73	267.99	196.85	190.48	196.92	125.53
平均作业时间（秒）		33.00	31.94	31.31	30.85	30.97	30.76	30.31
平均空闲率（%）	提升机	46.10	42.37	46.64	42.80	43.41	43.12	42.53
	穿梭车	78.07	77.68	84.47	79.61	76.98	77.46	79.51
平均满载率（%）	提升机	46.11	48.84	49.22	49.89	48.74	48.74	49.54
	穿梭车	16.94	17.72	15.36	17.47	18.06	16.21	16.52
平均空驶率（%）	提升机	14.17	9.76	9.08	9.65	8.39	8.69	8.67
	穿梭车	5.81	5.73	4.71	5.46	5.62	5.58	4.85

的 IHLV 策略节约 6.7%，基于节约时间法聚类的随机策略节约 6.2%；基于 K 均值聚类的 IFLV 策略节约作业时间约为 6.3%，基于 K 均值聚类的 IHLV 策略节约作业时间约为 5.0%，基于 K 均值聚类的随机策略节约作业时间约为 3.1%。

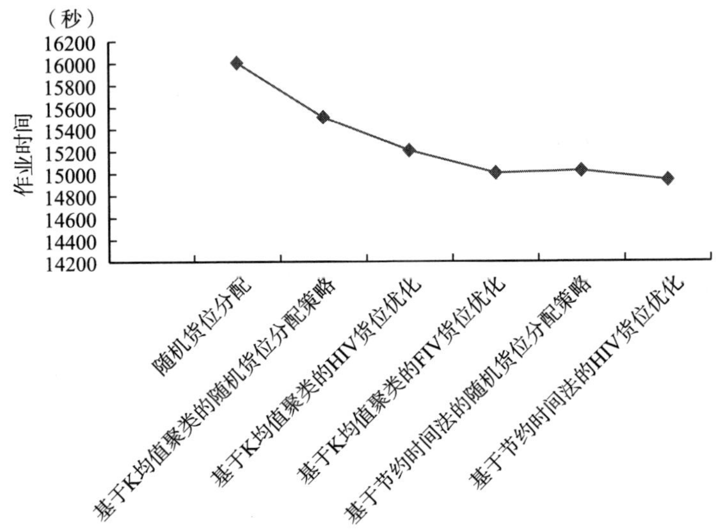

图 7－11　七种货位分配策略下的系统作业时间仿真结果

在设备等待时间指标方面，基于节约时间法聚类的 IFLV 策略、基于节约时间法聚类的 IHLV 策略、基于节约时间法聚类的随机策略、基于 K 均值聚类的 IFLV 策略、基于 K 均值聚类的 IHLV 策略、基于 K 均值聚类的随机策略这 6 种组合货位优化策略的平均任务等待时间也小于完全随机策略所需的时间，如图 7－12 所示。相对于完全随机策略，基于节约时间法聚类的 IFLV 策略节约等待时间约为 92.9%，基于节约时间法聚类的 IHLV 策略节约等待时间约为 83.5%，基于节约时间法聚类的随机策略节约等待时间约为 83.7%，基于 K 均值聚类的 IFLV 策略节约等待时间约为 82.9%，基于 K 均值聚类的 IHLV 策略节约等待时间约为 73.6%，基于 K 均值聚类的随机策略节约等待时间约为 61.4%。

另外，基于节约时间法聚类的 IFLV、基于节约时间法聚类的 IHLV、基于节约时间法聚类的随机、基于 K 均值聚类的 IFLV、基于 K 均值聚类的 IHLV、基于 K 均值聚类的随机 6 种策略的平均作业周期、平均作业时

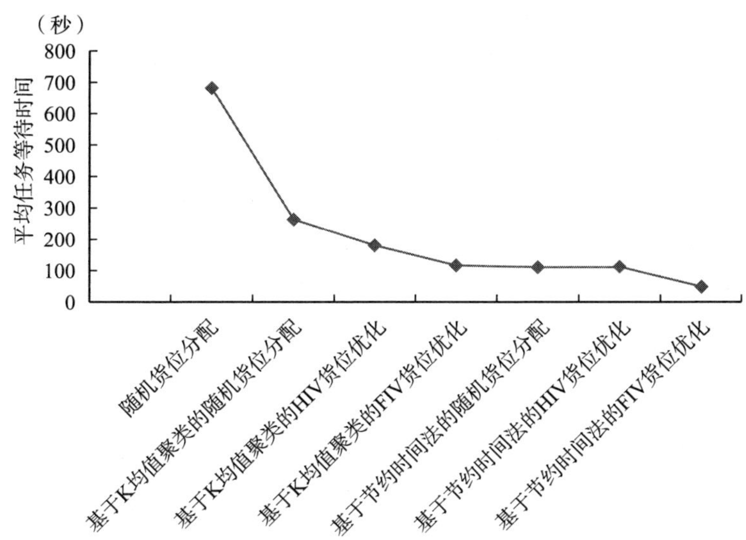

图 7－12　七种货位分配策略下的订单任务等待时间仿真结果

间、平均空闲率和平均空驶率均小于完全随机策略，即这 6 种策略在作业效率方面优于完全随机策略。由于仿真环境难免会产生一些偏差导致数据误差，所以表中有些数据可能会与系统实际运行情况产生偏差；仿真环境相对误差导致基于节约时间法聚类的 IFLV、基于节约时间法聚类的 IHLV、基于 K 均值聚类的 IHLV 的平均满载率大于随机策略的平均满载率，但整体来看，该 6 种策略的满载率优于完全随机策略的满载率。

总体来说，从表中所列的各个指标分析，基于节约时间法聚类的 IFLV、基于节约时间法聚类的 IHLV、基于节约时间法聚类的随机、基于 K 均值聚类的 IFLV、基于 K 均值聚类的 IHLV、基于 K 均值聚类的随机 6 种策略优于完全随机的货位分配策略。

（二）货位分配策略对系统的影响分析

由以上分析可知，应用聚类的储位优化方法优于传统的随机分配储位的方法。同时，同一聚类方法下的不同优化策略在订单处理效率方面的影响程度也不尽相同。

以节约时间聚类方法为例，基于节约时间法聚类的 IFLV 要优于基于节约时间法聚类的 IHLV，而基于节约时间法聚类的 IHLV 又比基于节约时间法聚类的随机要优化。从作业时间、平均作业时间、平均空闲率、作业时间变化、平均作业时间变化、平均空闲率变化、平均满载率变化来看，基于节约时间法聚类的 IFLV 均优于基于节约时间法聚类的 IHLV，优于基于节约时间法聚类的随机（具体数据见表 7 – 9 和表 7 – 10）。

表 7 – 9　　基于节约时间法聚类下的三种货位分配方案各指标值

指标		基于节约时间法聚类的 IFLV	基于节约时间法聚类的 IHLV	基于节约时间法聚类的随机策略
作业时间		14704.76	14934.07	15019.72
平均任务等待时间（秒）		48.38	112.38	110.99
平均作业周期（秒）		125.53	196.92	190.48
平均作业时间（秒）		30.31	30.76	30.97
平均空闲率（%）	提升机	42.53	43.12	43.41
	穿梭车	79.51	77.46	76.98
平均满载率（%）	提升机	49.54	48.74	48.74
	穿梭车	16.52	16.21	18.06
平均空驶率（%）	提升机	8.67	8.69	8.39
	穿梭车	4.85	5.58	5.62

表 7 – 10　　基于节约时间法聚类下的三种货位分配方案指标变化情况

指标		基于节约时间法聚类的 IFLV	基于节约时间法聚类的 IHLV	基于节约时间法聚类的随机策略
作业时间变化（秒）		–1300.26	–1070.95	–985.3
平均任务等待时间变化（秒）		–632.98	–568.99	–570.38
平均作业周期变化（秒）		–653.35	–581.96	–588.40
平均作业时间变化（秒）		–2.689	–2.24	–2.03
平均空闲率变化（%）	提升机	–3.57	–2.98	–2.69
	穿梭车	1.44	–0.61	–1.09
平均满载率变化（%）	提升机	3.43	2.63	2.63
	穿梭车	–0.42	–0.73	1.12
平均空驶率变化（%）	提升机	–5.5	–5.48	–5.78
	穿梭车	–0.96	–0.23	–0.19

注：以上指标变化情况以随机货位分配策略为基准。

在任务平均等待时间和平均作业周期两个指标方面，IHLV 策略最优，IFLV 策略不如随机策略，据分析，可能是由于 B2C 电商订单的随机性较强、订单间隔波动性较大导致。

同样，根据表 7－11 和表 7－12 可以看出，在基于 K 均值聚类方法下，IFLV 要优于 IHLV，而 IHLV 又比随机要优化。从作业时间、平均作业时间、平均空闲率、作业时间变化、平均作业时间变化、平均空闲率变化、平均满载率变化来看，基于 K 均值聚类方法的 IFLV 均优于基于 K 均值聚类方法的 IHLV，优于基于 K 均值聚类方法的随机策略。

表 7－11　　基于 K 均值聚类法下的三种货位分配方案各指标值

指标		基于 K 均值聚类法的 IFLV	基于 K 均值聚类法的 IHLV	基于 K 均值聚类法的随机策略
作业时间		14999.51	15205.07	15509.70
平均任务等待时间（秒）		116.42	179.90	263.16
平均作业周期（秒）		196.85	267.00	356.73
平均作业时间（秒）		30.85	31.30	31.94
平均空闲率（%）	提升机	42.8	46.64	42.37
	穿梭车	79.61	84.47	77.68
平均满载率（%）	提升机	49.89	49.22	48.84
	穿梭车	17.47	15.36	17.72
平均空驶率（%）	提升机	9.65	9.08	9.76
	穿梭车	5.46	4.71	5.73

表 7－12　　基于 K 均值聚类法下的三种货位分配方案指标变化情况

指标	基于 K 均值聚类法的 IFLV	基于 K 均值聚类法的 IHLV	基于 K 均值聚类法的随机
作业时间变化（秒）	－1005.51	－800	－495
平均任务等待时间变化（秒）	－564.94	－501	－418
平均作业周期变化（秒）	－582.03	－511	－422
平均作业时间变化（秒）	－2.14	－2	－1

续表

指标		基于K均值聚类法的IFLV	基于K均值聚类法的IHLV	基于K均值聚类法的随机
平均空闲率变化（%）	提升机	-3.3	0.54	-3.73
	穿梭车	1.54	6.4	-0.39
平均满载率变化（%）	提升机	3.78	3.11	2.73
	穿梭车	0.53	-1.58	0.78
平均空驶率变化（%）	提升机	-4.52	-5.09	-4.41
	穿梭车	-0.35	-1.1	-0.08

注：以上指标变化情况以随机货位分配策略为基准。

（三）两种聚类方式对系统影响分析

选择传统随机策略、基于节约时间法聚类的随机策略与K均值聚类—随机策略相比较，分析节约时间聚类方法和K均值聚类方法两者的在储位优化中的效果。

首先分析随机货位分配策略情况下的数据，由表7-13和表7-14可知，在工作时间、平均任务等待时间、平均作业周期、平均作业时间、平均空闲率和平均空驶率方面，基于节约时间法聚类的随机策略小于基于K均值聚类法的随机策略小于完全随机策略。

表7-13　　两种聚类方法下的随机货物分配策略指标对比

指标		随机策略	基于节约时间法聚类的随机策略	基于K均值聚类法的随机策略
作业时间		16005.02	15019.72	15509.70
平均任务等待时间（秒）		681.36	110.98	263.16
平均作业周期（秒）		778.88	190.48	356.73
平均作业时间（秒）		32.00	30.97	31.9412
平均空闲率（%）	提升机	46.10	43.41	42.37
	穿梭车	78.07	76.98	77.68

续表

指标		随机策略	基于节约时间法聚类的随机策略	基于K均值聚类法的随机策略
平均满载率（%）	提升机	46.11	48.74	48.84
	穿梭车	16.94	18.06	17.72
平均空驶率（%）	提升机	14.17	8.39	9.76
	穿梭车	5.81	5.62	5.73

表7-14　　两种聚类方法下的随机货物分配策略指标变化情况分析

指标		随机策略	基于节约时间法聚类的随机策略	基于K均值聚类法的随机策略
作业时间变化（秒）		16005.02	-985.30	-495.32
平均任务等待时间变化（秒）		681.36	-570.38	-418.20
平均作业周期变化（秒）		778.88	-588.40	-422.15
平均作业时间变化（秒）		32.00	-2.03	-1.06
平均空闲率变化（%）	提升机	46.10	-2.69	-3.73
	穿梭车	78.07	-1.09	-0.39
平均满载率变化（%）	提升机	46.11	2.63	2.73
	穿梭车	16.94	1.12	0.78
平均空驶率变化（%）	提升机	14.17	-5.78	-4.41
	穿梭车	5.81	-0.19	-0.08

同样，按照IFLV和IHLV两种货位分配策略下，在工作时间、平均任务等待时间、平均作业周期、平均作业时间、平均空闲率和平均空驶率方面，基于节约时间法聚类的随机策略优于基于K均值聚类法的随机策略，小于完全随机策略。

虽然在平均满载率方面基于节约时间法聚类的随机策略大于K均值聚类—随机策略大于传统随机策略，虽然在某几个指标方面有些数据与分析结果不符，但总体来说，基于节约时间法的聚类方法仍略优于K均值聚类策略，优于传统随机策略。

第八节　小　结

本章梳理了储位优化的经典算法，分析了其在多巷道分散式AS/RS中的瓶颈；分析单巷道单层系统、单巷道多层系统和多巷道多层系统的作业时间差异，得出单一订单的品项在不同巷道时作业效率最高，同一巷道不同层次之，同巷道同层最差；利用实际数据，根据不同计算公式计算品项相似系数，选择适合B2C订单特点的相似系数计算方法，对聚类算法进行调整，提出基于品项相似系数的两阶段K均值聚类和基于节约时间法的多层次启发式聚类算法；在聚类基础上，提出基于品项价值历史物流价值（IHLV）和品项未来物流价值（IFLV）的货位优化策略；构建了Flexsim仿真模型，设置7种仿真环境，对两种聚类方法及2种储位优化策略的有效性进行验证。结果表明在聚类方面，基于节约时间法的多层次启发式聚类算法优于基于品项相似系数的两阶段K均值聚类；基于IFLV的货位优化策略优于基于IHLV的货位优化策略，而基于IHLV的货位优化策略优于随机货位分配策略。

第八章

面向快速反应的订单排序策略

第七章根据B2C电商订单的特点，通过建模分析提出了基于品项相似系数聚类的储位优化策略，并通过仿真验证了不同的优化策略在提升分散式AS/RS系统订单处理效率方面的有效性。

但是仿真实验中发现，分散式AS/RS系统效率还受订单下单时间的影响，造成了订单的等待，降低系统作业效率。在品项及订单分配确定的情况下，要提高系统作业效率，就要减少周转箱的出入次数，即单次出库作业满足多订单需求。本章将对订单的顺序进行优化，进而减少设备作业次数，进一步提高系统作业效率。

第一节　订单分批及排队策略理论

而在拣选作业中，拣选的行走距离和行走时间是提高拣选效率的重要因素，而为有效地提高拣选效率，很多自动化仓库将多张订单合并看做一个批次进行批量拣选。这样可以在同一时间内处理多个订单，大幅度提高拣选效率。这样就涉及订单分批的问题。订单分批是指根据一定的规则将一系列订单聚合成一个子集，拣选人员根据划分的子集到存储区域拣选货物的活动。

拣货作业的方法，可从不同角度分类，按照每次作业服务的订单数量，可分为按单拣选出库、批量拣选出库和复合拣选。拣货策略主要包括作业区域分区、订单分割、订单分批和分类四种，应用方式如图8－1所示。

分析B2C电商的订单特点，其订单行少，订单深度浅，因此分区策略和订单分割策略均不适用，主要探讨分批策略对分散式AS/RS效率的影响。订单分批是为了提高拣货作业效率、减少设备/人员行走、提高反应速度，将多张订单集合，进行批次拣取的作业方式，有总合计量分批、时窗分批、固定订单量分批和智能分批。

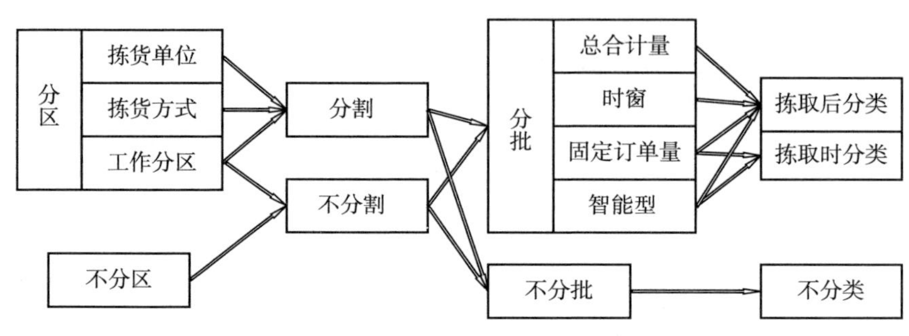

图8-1　物流中心4种拣选策略的应用

一、订单分批策略

（一）总合计量分批策略

首先统计某一阶段所累积的订单中所有品项的订货总量，其次再按这一总量进行拣取。该方式优点是可将拣取路径缩至最短；缺点是该方式对分类作业的要求较高，需要功能强大的分类系统来支持；在周期性配送时该策略应用较多。

（二）时窗分批策略

预先设定时间周期，当时间周期达到设定时间时，则将该段时间内收到的订单作为一批，启动系统进行处理（见图8-2）。该策略适用于订单密度大且订单到达时间较均匀、且单个订单的订单行不多，订单较浅的环境，其次对于紧急订单，可开启短暂而固定的时窗，再将这一时窗中所有的订单做成一批，进行批量拣取，该策略在反应速度方面具有很大优势。

由于不同时间段内的订单密度不同，会导致不同时间窗内的作业量的不均衡，因此导致订单反应速度降低，因此对于时窗分批来说，优化重点是降低订单的等待时间。

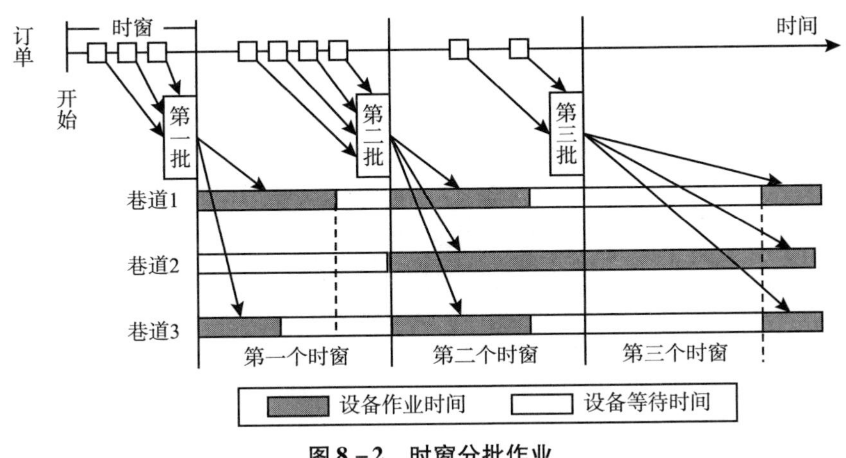

图 8－2　时窗分批作业

（三）固定订单量分批策略

预先设定订单分批的数量，按照先到先处理的基本原则，当订单累计达到该数量时，则启动系统进行作业。固定订单量分批策略，每批次处理的订单数量一定，相对于时窗分批来说，该方式偏重于维持较稳定的作业效率，但订单处理速度取决于订单密度，当订单密度小时，导致订单处理的时间较长，系统作业反应速度慢于时窗分批作业。固定订单量分批拣取的示意图如图 8－3 所示，图中假设订单分批数量为 4。

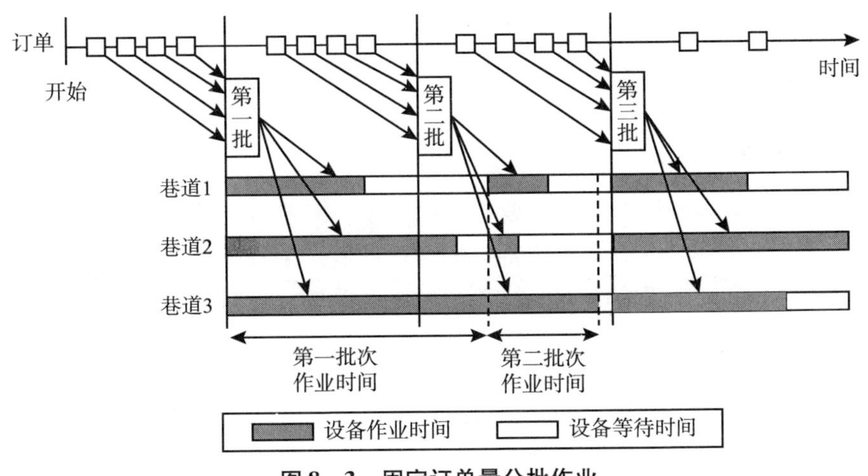

图 8－3　固定订单量分批作业

（四）智能型分批

智能型分批的原则是最小化拣选路径，将订单输入计算机，经过计算机的智能分析，按照拣选路径相似进行订单分批。

表8－1对四种分批策略的特点及适用情况进行了比较，根据定性分析，视窗分批比较符合B2C电商顶大的快速反应要求。

表8－1　　订单分批方式的比较

分批方式＼适用情况	订单特点	使用情形	订单需求频率
智能型分批	订单较多	适用性强，适合各种订单	非即时性
时窗分批	短暂、不平均	差异性小，订单数量大	周期性
固定量分批	规律	差异性小，订单数量不大	周期性或非周期性
总合计量分批	周期性，固定	差异性小，订单数量大	周期性

二、订单分批算法

订单分批在学术界被认为是一个NP问题，有很多学者对分批问题的求解进行了研究，使用的算法主要有：

（一）优先规则算法

这种算法首先将客户订单划定优先级，然后根据划定好的优先级对订单进行合并操作。

（二）种子算法

种子算法进行订单分批主要有两个步骤：一是种子选择阶段，二是订单适应阶段。顾客订单会按照特定的规则选定一个种子订单，基于订单适应性规则，将某个没有分配的订单与种子订单进行合并。

（三）节约算法

节约算法的步骤，首先计算将两个订单合并后拣选距离比单独拣选的距离节约值，对节约值进行排序，将节约值最大的订单作为一个批次。因此两个订单会有三种情形：一是两个订单都没有被分批，则合并到同一批次，二是其中一个订单被分批，则将另一个订单合并到这一批次，三是两个订单都被分批了，那么再重新进行第一步。

（四）启发式算法

一直以来被认为是 NP 问题，无法用精确算法进行求解，因此很多学者开始采用启发式算法进行求解，研究较多的是蚁群算法、遗传算法等。

（五）数据挖掘方法

主要有关联规则和聚类算法。近年来电子商务快速发展，订单数量大，数据挖掘方法可以有效进行订单分批，获得很好的分批效果，因此此类方法应用较广。

本章拟以订单分批中的种子算法和节约算法为依据，通过对其进行调整，建立符合该系统需求的订单排序策略。

三、订单排队策略及算法

考虑订单排序与订单的拣选有重要关系，订单排序问题与 TSP 问题的相似性，借鉴 TSP 问题的求解思路，构建了订单排序问题的策略。一般的 TSP 问题可以描述如下：设有 n 个城市，其中每个城市之间都有道路相连，给定任意两个城市之间的权重（可以是距离、时间或者费用），设城市 i 和城市 j 之间的权重为 C_{ij}，两个城市之间往返权重不一定相等，要从城市 1 出发周游城市 2、城市 3，⋯，城市 n，最后回到城市 1。如何安排使总路程（或者总费用、总时间）最小。

TSP 问题是一个容易描述但是难以解决的问题，一般认为 TSP 问题是典型的 NP 问题。求解 TSP 问题的算法主要有传统的确定性算法和启发式算法。传统确定性算法中，动态规划法是一个递归算法，随着问题规模的扩大，求解空间会迅速增加，因此适应小规模问题；分支定界法需要为每一个结点附带规约矩阵，因此也适应小规模问题。

启发式算法可细分为构建型算法和改进型算法。构建型算法是从最初的空解开始，通过逐渐迭代，将所有点都加到解中，直到分解结束，解构建完成。目前典型的构建型算法有最近领域算法、节约算法、插入算法、生成树法等。

最近邻域算法（the nearest neighbor algorithm，NN）的基本原理是选择任意城市作为起点，每一次都选择距离最近的未到达城市作为下一个要到达城市，直到遍历完所有城市再回到起点，得到一个可行解。因为选择的轻视行为，导致后面选择阶段可能会连接较远的城市，因此当TSP问题规模较大时，几乎不可能得到最优解。最近邻域算法优点是求解速度快，缺点是求解质量低。

插入算法（the insertion algorithm，IN）的基本原理是任意从三个相近的城市组成的圈开始，每次在当前圈中选择使路径长度增加最少的位置插入一个新城市得到新圈，重复这一个规则直到得到一个完整的可行解。根据插入规则不同，插入算法分为最远插入、最近插入、最节省插入和随机插入算法。插入算法优点是求解质量高，缺点是求解速度慢。

通过上述比较发现，最近邻域算法的求解质量越来越低，插入算法的求解质量越来越高，将这两种算法结合起来可以得到一种求解速度快且求解质量高的算法。

改进型算法，也称为现代智能算法（卢少平等，2010），是在构建型算法构造出解的基础上，利用一定的优化准则，进一步改善解的质量的算法，主要使用的有简单的遗传算法、人工神经网络算法、模拟退火算法、蚁群算法、禁忌搜索算法、粒子群优化算法等。具体优缺点比较见表8－2。

表8－2　智能算法的比较

算法	优点	缺陷
遗传算法	算法实现简单，能够并行处理，具有强鲁棒性和全局搜索能力	易陷入局部最优解，局部搜索能力差
人工神经网络方法	当TSP问题中城市数量较少，容易求出最优解的近似解	城市数量较多时，会收敛到局部极小解或者是非法解，并且收敛速度慢、对模型参数和初始条件敏感
模拟退火算法	较强的搜寻局部最优解的能力，并且能避免陷入局部最优解的情况	全局搜索能力较差，运算效率低，对退火速度和温度难控制
蚁群算法	较强的自适应能力，可以促使系统进化到最优解，参数少，移植性好	收敛速度慢，容易陷入局部最优解
禁忌搜索算法	全局逐步寻优算法，在搜索过程中通过避免搜索标记过的对象，可以实现全局最优	对初始解的依赖性较强，串行的迭代搜索过程，在求解大规模问题时，依靠频率记忆很难实现多样性搜索
粒子群优化算法	简单容易实现，收敛速度快，无须调解很多参数	对于较大规模的问题，会出现收敛效果差，容易陷入局部最优解

第二节　双因素约束的订单分批

一、订单分批的影响因素

在 B2C 电商系统对时效性的要求越来越高，为了满足订单实效性，特引入时间窗作为约束条件进行分批。考虑时间窗约束的订单处理问题，就需要引入惩罚函数。

（一）时间窗约束

关于时间窗约束可分为硬时间窗、软时间窗与混合型时间窗三种情况。

1. 硬时间窗（hard time windows）：指系统必须在特定时间区段内完成订单品项的分拣作业，其他时间均受到惩罚，惩罚程度相同且较大。

2. 软时间窗（soft time windows）：指系统如果无法将在规定的时间内完成订单分拣作业，则按照时间偏离程度接受惩罚，即惩罚程度与偏离时间的程度正相关。

3. 混合型时间窗（mixed time windows）：系统中有些订单属于硬时间窗，有些则属于软时间窗；系统可以结合使用，同一订单，往往也会将软、硬两种时间窗混合使用。

图 8－4，图 8－5 和图 8－6 分别表示三种情况下的惩罚函数，图中纵坐标 P(t) 代表惩罚值；横坐标代表时间，其中［s，e］表示允许的时间窗范围，即这段时间惩罚值为 0。

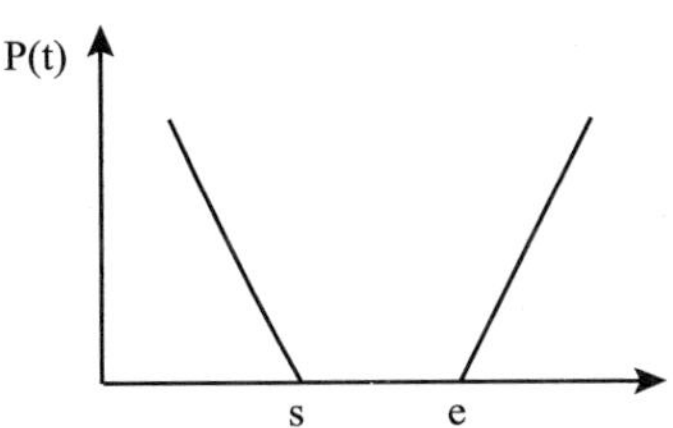

图 8－4　软时间窗约束惩罚

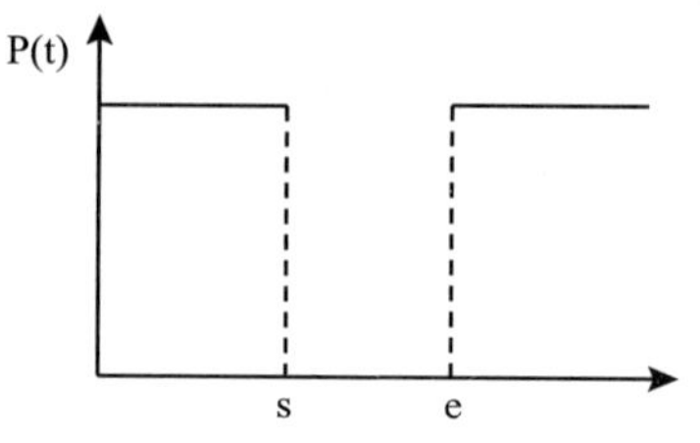

图8-5 硬时间窗约束惩罚

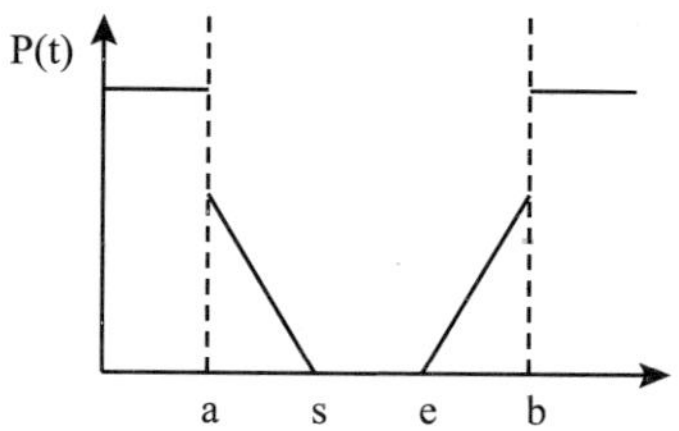

图8-6 混合型时间窗约束惩罚

（二）订单行约束

分散式AS/RS系统分拣作业是分为两阶段，第一阶段是品项拣选出库，由穿梭车及堆垛机将客户订单中品项所在的周转箱从系统中取出，运送至拣选台；第二阶段是数量拣选，拣选人员根据订单数量完成对应品项的拣选。因此客户订单数量对拣选人员作业时间的影响可以忽略，系统作业时间由订单品项及品项所在位置决定。品项所在位置已在第七章进行分析优化，这里不予考虑，订单的品项数量（订单行）成为影响系统效率的重要因素。

二、订单相似系数及订单压缩率

（一）订单相似系数

订单分批的合并程度及调整订单顺序的依据是两两订单间的品项相似程度，本书定义一个概念，订单相似系数，设订单相似系数 OS_{mn}，表示同时出现在订单m和订单n中的品项数量。设订单系统共包含品项数量S，则品项集合为｛1，2，…，S｝，则订单 r_m 可以表示为（p_{r_m1}，p_{r_m2}，…，p_{r_ms}），其中：

$$p_{r_m k}=\begin{cases}1, & k\text{ 品项在订单 } r_m \text{ 中}, \\ 0, & k\text{ 品项不在订单 } r_m \text{ 中},\end{cases} k\in[1, S] \tag{8-1}$$

订单 m 和订单 n 的订单相似系数如式（8－2）：

$$OS_{mn}=r_m\times r_n^T \tag{8-2}$$

（二）订单压缩率

订单压缩率为多个订单分批后，总的订单品项减少的程度，即单位订单内订单的相似系数之和与单位订单内的品项总和之比值。设订单压缩率γ，则：

$$\gamma=\frac{\sum_{m=1}^{ON}\sum_{n=1}^{m}OS_{mn}}{\sum_{r=1}^{ON}\sum_{k=1}^{SN}y_{rk}}=\frac{\sum_{m=1}^{ON}\sum_{n=1}^{m}r_m\times r_n^T}{\sum_{r=1}^{ON}\sum_{k=1}^{SN}y_{rk}} \tag{8-3}$$

三、时窗分批建模

电商订单处理的时间，一般采用混合型时间窗约束，但与传统混合时窗不同的是，电商订单的时窗约束为单边约束，即在［0，s］时间内不受惩罚，在［s，e］时间内为软时间窗，惩罚值大小与偏离时间正相关，偏离时间超过 e 时，则为硬时间窗，惩罚值无限大（见图 8－7）。

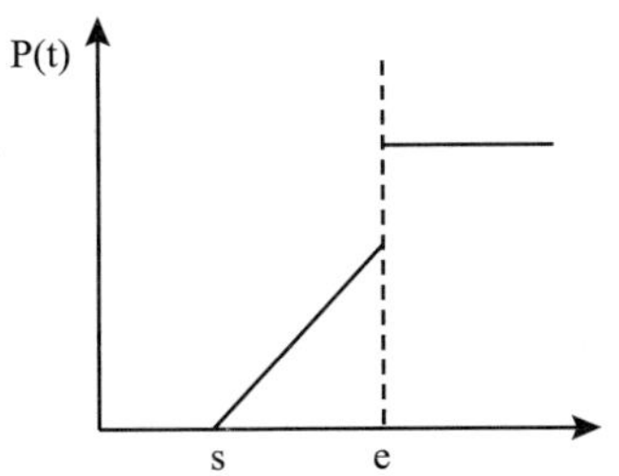

图 8－7　电商订单时间窗约束惩罚

为使惩罚最小，降低作业成本，需要使分批订单在 s 时间段内完成，问题转化为时间窗的设置。当时间窗 TW 增加时，批次内订单重合概率增加，提高完成单位订单的效率，但订单的等待时间增加；反之，订单等待时间减少，但由于订单数量减少，订单重合的概率降低，单位订单的完成时间则增加，因此科学合理设置时间窗尤为重要。

设订单平均到达时间间隔为 μ，在时间窗时间内收集订单数量 $n = \frac{TW}{\mu}$；设平均单个订单的订单行为 ρ，则 n 个订单的订单行为 $n \cdot \rho$；由于订单之间有相似性，借助订单压缩率 γ，时间窗时间内收集订单行数量介于 $n \cdot \rho \cdot \gamma$ 和 $n \cdot \rho$ 之间。而通道数量为 K，受货位分配的影响，同时工作的通道位于 1 和 K 之间。因此得到时间窗的约束函数，见式（8 –4）所示：

$$\begin{cases} TW + Total_{n2}^{P} \leqslant s \\ TW + \dfrac{Total_{n1}^{P}}{K} \leqslant e \\ n = \dfrac{TW}{\mu} \\ n_1 = n \cdot \rho \\ n_2 = n \cdot \rho \cdot (1 - \gamma) \end{cases} \tag{8-4}$$

以本书研究背景单位为例，订单平均到达时间间隔 $\mu = 30$ 秒，单位订单的平均订单行 $\rho = 1.8$，设软时窗 $s = 20$ 秒，硬时窗 $e = 30$ 秒，时窗分批间隔在 300 ~ 900 秒时，订单压缩率会随着时间窗的增加而提高，据统计订单压缩率 $\gamma \in [0.1, 0.2]$，取均值 $\gamma = 0.15$，将上述函数代入式（8 –4），利用递推法来计算订单的反应速度。

根据表 8 – 3 可以看出，在上文设定的参数情况下，时窗小于 300 秒时，反应速度低于软时窗；当时窗介于 300 秒与 480 秒之间时，反应速度会高于软时窗临界点，受到软惩罚；当时窗大于等于 480 秒时，反应速度会高于硬时窗临界点，受到硬惩罚。

表 8 –3　　不同时窗下系统作业时间与软硬时窗关系推算

	时窗单位秒	批次订单反应时间 $Total^{P}$	是否有软惩罚	是否有硬惩罚
1	300	18.60	否	否
2	360	22.32	是	否
3	420	26.04	是	否
4	480	29.76	是	否
5	540	33.48	是	是
6	600	37.2	是	是
7	660	40.92	是	是
8	720	44.64	是	是

续表

	时窗单位秒	批次订单反应时间 $Total^P$	是否有软惩罚	是否有硬惩罚
9	780	48.36	是	是
10	840	52.08	是	是
11	900	55.80	是	是

四、受订单行约束的可变时窗分批建模

根据上文分析，传统的分批考虑时窗、订单数量、订货总量等因素；和这些情况不同的是，分散式 AS/RS 在本书的研究环境，利用订单数量或者订货总数对效率影响的分析不可靠，影响系统效率的因素是单订单的订单行数量及订单中品项所在货位。

本章第一节中对 4 种分批策略的优缺点进行描述，根据定性分析，B2C 订单特征符合时窗分批的应用情况，但由于时窗分批存在由订单密度不同导致的不同时间窗内的作业量的不均衡，从而导致订单反应速度降低的问题，因此可以尝试引入订单行的概念，对订单的时间窗分批结果进行调整，从而均衡各时窗的系统作业量。

受订单行约束的可变时窗分批算法：

步骤 1，根据本章第一节第四部分中的算法得到时间窗的值 TW；

步骤 2，计算 TW 单位时间内的平均订单数 n、平均订单行数 $n \cdot \rho$、分批后的订单平均订单行数 $n \cdot \rho \cdot \gamma$；

步骤 3，按照时间窗和分批后的订单行数先到先分批的原则，进行分批。

受订单行约束的可变时窗分批算法有效避免了个别订单行数过多而带来的作业时间不均衡，从而导致该批次的完成时间拖长的问题，减少由于超过时间窗要求而导致惩罚的现象。

第三节　订单排序问题描述

具体到订单分配问题中，系统及设备的工作量应该是指系统要处理的订单行的总量，因为每张订单的订单行是不平均的，具体的工作量是跟订

单行数直接相关，而不是订单数。另外，由于在B2C电商环境中，单个订单的订货数量较小，小于每次出库周转箱内物品，因此订货具体数量也可以忽略不计。

根据仿真系统的描述，单一品项出库时，系统地作业时间包括周转箱出库时间、工作人员拣选时间及周转箱返回时间。当多个订单多个品项同时作业时，三个环节是并行作业，因此可将系统的作业时间转换为周转箱的出库时间和系统等待订单的时间之和。为节约系统的总作业时间，一是减少周转箱的出库次数；二是压缩系统的等待时间。

为减少周转箱的出库次数，可采取两种策略，一是进行订单分批，分批后的订单可将多张订单产品加和，然后进行出库作业，常见的订单分批策略见本章第一节第一部分；二是调整订单顺序，将包含品项相同的订单放到一块，从而实现"一次出库，多次拣选"，这样能尽可能地将分拣结束的周转箱返回。

为压缩系统的等待时间，首先，借助订单分批策略，由于订单到达时间间隔是泊松分布，有时订单密度大，有时订单密度小，订单分批可以使订单形成"订单水库"，缓解订单到达不均衡导致的设备作业不均衡情况，减少订单的总等待时间；其次，存在货位无货，需要等待货物回位的情况，例如，100号品项在第4批次出现过，第五批次还需要出库拣选，如果批次4分拣不及时，造成100号品项回库较晚，则造成穿梭车等待，影响整体效率；最后，提升机等待，如果第一个订单所包含品项距离每层出入口较远，则造成提升机等待，可能造成之后的作业排队现象。

因此，利用订单排队算法，减少系统缺货等待和提升机作业等待，为本章研究重点。

第四节　订单排序

一、货位价值建模

货位价值（location value，LV）：用于说明系统中每个货位对出库作业时间的影响，由于在该系统中，货位所在巷道对系统总所时间无影响，因此货位价值由货位层价值（location floor value，LFV）和货位列价值

(location column value, LCV) 组成, 见式 (8-5):

$$LV_{xyk} = \alpha \times LCV_{xyk} + (1-\alpha) \times LFV_{xyk} \quad (8-5)$$

货位层价值 (LFV): 用于说明系统中每个货位所在层对出库作业时间的影响。

货位列价值 (LCV): 用于说明系统中每个货位所在列对出库作业时间的影响。

设货格位置 $L_i(x_i, y_i, k_i)$, 即 k 巷道 y 层 x 列, 则其货位层价值 (LFV) 为货位所在层数的高度与系统货架总层 v 数高度的比值, 由于一层货位高度为 0, 不需要提升机进行垂直作业, 所以一层货格层价值也为 0, LFV 计算公式见式 (8-6)。和 LFV 相似, 货位列价值 (LCV) 为货位所在列的货架长度与系统货架总长度的比值, 和 LFV 不同的是, 第一列货格也需要穿梭车进行水平运动, 所以第一列货格价值非 0, LCV 计算见式 (8-7):

$$LFV_{xyk} = \frac{F+1-y}{F} \quad (8-6)$$

$$LCV_{xyk} = \frac{C+1-x}{C} \quad (8-7)$$

将式 (8-6) 和式 (8-7) 代入式 (8-5), 得到:

$$LV_{xyk} = \alpha \times \frac{C+1-x}{C} + (1-\alpha) \times \frac{F+1-y}{F} \quad (8-8)$$

二、改进种子算法的订单排序策略

采用经典种子算法对订单进行排序, 由于 B2C 订单的具有订单间相似度低的特征, 会导致很多订单无法排序。为解决这个问题, 引入货架价值的概念, 对经典种子算法进行改进, 既能够实现订单的全部排序, 又能够提高系统作业效率及反应速度。

对种子算法进行改进, 用来对 B2C 订单的批次作业次序进行调整, 以降低提升机的等待时间。

首先是选择种子订单。假设第 i 批次的订单集合为 $OB_i = \{r_{i1}, r_{i2}, \cdots, r_{ik}\}$, 找到该批次中品项所在货位的列价值最小的订单 r_{im}, $1 \leq m \leq k$, 则 r_{im} 为种子订单, 放入集合 S_i, 如果出现多张订单的品项所在货位列价值均等的情况, 可以选择品项层价值最小的订单为种子订单; 待分配的订单集合 $OB_i' = OB_i - r_{im}$。

其次是订单排序阶段。

步骤1：依次计算 OB_i' 订单 r_{in}，$1 \leqslant n \leqslant k$，与 S_i 的订单相似系 $OS_{mn} = r_{im} \times r_{in}^T$，选择订单相似系数最大的订单 r_{in}，放入订单集合 S_i 中最后一位，$S_i = S_i + r_n$，待分配的订单集 $OB_i' = OB_i' - r_n$。循环上述步骤，直至 $OS_{mn} = 0$，转步骤2。

步骤2：将 OB_i' 中的订单按照订单品项所在的货位列价值从小到大排序，依次加入订单集合 S_i 中，直至 $OB_i' = \varnothing$。

以5分钟时窗的第37批订单为例，该批次共9条订单20个订单行，原始订单数据见表8-4。

表8-4　　5分钟时窗分批的第37批订单

订单编号	商品1品项号	商品2品项号	商品3品项号	商品4品项号	商品5品项号	商品6品项号	商品7品项号	商品8品项号	商品9品项号
362	117								
363	134	4							
364	70								
365	185	167	149	42	39	32	31	10	7
366	65								
367	173	95	54						
368	130	116							
369	133								
370	167	163	152	139	135	100	86	37	34

现使用改进的种子算法对表8-4订单进行排序，得到结果见表8-5。

表8-5　　利用改进的种子算法对订单排序后的结果

订单编号	商品1品项号	商品2品项号	商品3品项号	商品4品项号	商品5品项号	商品6品项号	商品7品项号	商品8品项号	商品9品项号
362	117								
363	134	4							

续表

订单编号	商品1品项号	商品2品项号	商品3品项号	商品4品项号	商品5品项号	商品6品项号	商品7品项号	商品8品项号	商品9品项号
364	70								
365	185	167	149	42	39	32	31	10	7
366	65								
367	173	95	54						
368	130	116							
369	133								
370	167	163	152	139	135	100	86	37	34

三、改进节约算法的订单排序策略

经典节约算法在订单分批和排序都有应用，步骤如下：首先计算将两个订单合并后拣选距离比单独拣选的距离节约值；其次对节约值进行排序，将节约值最大的订单作为一个批次一起处理。

在分散式 AS/RS 系统中，由于订单分拣由三部分组成，穿梭车出库、提升机作业和人员拣选作业共同完成。由于多个穿梭车与单一提升机相匹配，提升机平均利用率高于单一穿梭车利用率，如果排序时仅考虑两订单合并后节约的设备行走距离进行排序，不能对提升机作业进行优化，因此引入订单中节约货位价值代替经典算法中距离节约值，为了保证提升机得到优化，可将层价值权重系数提高，保证 $\alpha \leqslant 0.5$。

$$OS_{mn} = r_{im} \times r_{in}^{T}$$

根据式（8－1），$y_{r_m q} = \begin{cases} 1，q \text{ 品项在订单 } r_m \text{ 中，} \\ 0，q \text{ 品项不在订单 } r_m \text{ 中，} \end{cases} q \in [1，SN]$

及货位价值计算式（8－3），

$$LV_{xyk} = \alpha \times \frac{C+1-x}{C} + (1-\alpha) \times \frac{F+1-y}{F}$$

得到两两订单之间合并后节约的货位价值如式（8－9）所示：

$$TS_{mn} = \sum_{q=1}^{SN} y_{r_m k} \times y_{r_n k}^{T} [\alpha \times LCV_{xyk} + (1-\alpha) \times LFV_{xyk}]$$

$$s.t.\begin{cases}\alpha \leqslant 0.5 \\ m \in [1, ON] \\ n \in [1, ON]\end{cases} \tag{8-9}$$

将货位层价值和列价值的计算式（8-6）、式（8-7）代入式（8-9），得到节约的货位价值如式8-10所示。

$$TS_{mn} = \alpha \times \sum_{q=1}^{SN} p_{r_m k} \times p_{r_n k} \times \frac{C+1-x}{C} + (1-\alpha) \times \sum_{q=1}^{SN} p_{r_m k} \times p_{r_n k} \times \frac{F+1-y}{F}$$

$$s.t.\begin{cases}\alpha \leqslant 0.5 \\ m \in [1, ON] \\ n \in [1, ON]\end{cases} \tag{8-10}$$

按照节约路线法的原则，以 TS_{mn} 为计算依据，进行订单排序。具体步骤如下：

步骤一：计算两两订单之间的节约值 TS_{mn}，列出节约值表；

步骤二：按照节约表中 TS_{mn} 由大到小的顺序列出线路连接过程表；

步骤三：按先后顺序考察订单排序过程中，表中 S_{mn} 对应的订单 m 和订单 n：

①若订单 m 和 n 都不在已经排好序的订单库里，则 m 和 n 可以连接为 m—n，转步骤四；

②若订单 m 和 n 中的一个订单在排好序的订单库，且该订单是在排序好的订单库，则另一个订单可以连到排序好的订单库，否则忽略该节约值，转步骤四；

③若订单 m 和 n 均在已排好序的订单库，且两点都是已构成的不同线路的端点，则 m 和 n 可以直接相连接，否则不能连接，转步骤四；

步骤四：若所有的订单均已进入排好序的订单库，则算法终止；否则，转步骤三，考察线路连接过程表中下一个 S_{mn} 对应的订单 m 和 n。

现使用改进的节约算法，依然对表8-4所示批次的订单顺序进行优化，得到新的订单排序表，结果见表8-6。

表8-6　利用改进的节约算法对订单排序后的结果

订单编号	商品1品项号	商品2品项号	商品3品项号	商品4品项号	商品5品项号	商品6品项号	商品7品项号	商品8品项号	商品9品项号
362	117								
363	134	4							

续表

订单编号	商品1品项号	商品2品项号	商品3品项号	商品4品项号	商品5品项号	商品6品项号	商品7品项号	商品8品项号	商品9品项号
364	70								
365	185	167	149	42	39	32	31	10	7
366	65								
367	173	95	54						
368	130	116							
369	133								
370	167	163	152	139	135	100	86	37	34

第五节 仿真分析与验证

一、仿真模型调整优化

第八章的研究对象是批量订单出库及拣选作业系统，与第七章的按订单出库拣选作业不同，需要对第七章的仿真模型进行优化。在时间窗分批模式下，时间窗打开瞬间，会将时间窗内所搜集的订单同步发送给系统合成器，首先为了满足多穿梭车同时并行作业，需要增加合成器数量；其次将作业指令下发到各设备，因此设备作业密集，可能存在物品排队等候设备的现象，例如穿梭车将物品运到层I/O后，如果暂存区有货物，那穿梭车将无法卸货，需在此等待，造成设备利用率降低。

为了解决这一问题，需要在货架每层I/O及每个巷道的I/O，增加货物暂存区数量，下文的仿真系统在第六章模型的基础上，将8个穿梭车及2个提升机的暂存区数量设置为3，以缓解订单密度大带来的设备拥堵问题。

二、时窗分批

本章仿真数据来源为第七章第七节中的仿真订单数据。为满足仿真需求，需要对数据进行时窗分批及排序处理。

（一）时间窗分批

根据第七章第二节第三部分中的模型计算结果（见表7－3），时窗间隔为5分钟时，系统效率及反应速度均满足软时窗要求；时窗间隔在6～8分钟时，系统反应速度满足硬时窗需求，但是超过软时窗限制；当时窗大于10分钟时，反应速度会高于硬时窗。从5分钟开始，依次增加1分钟，直至15分钟，对原始订单数据进行分批，得到11个订单分批表。

以5分钟时窗为例（见表8－7），将原来483个订单分为48个批次，依次类推，具体见附录六的表1。同理，6分钟时窗分为40个批次，7分钟时窗分为34个批次，依次类推。

表8－7　　　　时窗分批后的订单格式

分批时间（秒）	批次编号	订单编号	品项号1	品项号2	品项号3	品项号4
300	1	1	70	0	0	0
300	1	2	188	0	0	0
300	1	3	21	0	0	0
300	1	4	53	0	0	0
300	1	5	167	129	0	0
300	1	6	49	0	0	0
300	1	7	177	138	83	0
…	…	…	…	…	…	…
300	2	13	41	0	0	0

（二）带订单行约束的时窗分批

以5分钟时窗分批结果为例，该数据的订单平均时间间隔为$\mu=30$秒，根据本章第二节第四部分的模型，5分钟的订单数量为$n=\frac{TW}{\mu}=12$个，平均订单行为$\rho=1.6$，分批后品项合并率为$\gamma=0.8$，因此优化的时间窗分批模型中约束的订单行数量为$n\cdot\rho\cdot\gamma=12\times1.6\times0.8=15.36$，取整为15。

根据订单行和时窗双因素限制，对第一部分的5分钟时窗、10分钟时窗和15分钟时窗的3个订单分批表进行调整，得到3个新的分批数据表格。调整后的5分钟时窗分批表见附录八的表2。

三、时间窗模型仿真验证

将本章中第一节的11个分批数据，依次用仿真模型仿真，仿真结果见表8－8和图8－8。

首先，当时间窗设置时间由5分钟变化为15分钟时，标准差的波动较小，数据较为稳定。图8－8显示，仿真结果的最大解与模型的最差解基本保持一致，误差基本小于10%。当时窗小于6分钟时，反应速度低于软时窗；当时窗介于6分钟与10分钟之间时，反应速度会高于软时窗临界点，受到软惩罚；当时窗大于等于10分钟时，反应速度会高于硬时窗临界点，受到硬惩罚。仿真结果的平均值与模型的折中解随时间窗变化平缓上升，趋势稳定。

表8－8　　时窗分批后的作业时间仿真结果

时间窗（分钟）	仿真结果最大值（分钟）	模型的最差解（分钟）	误差	仿真结果平均值（分钟）	模型的折中解（分钟）	误差	仿真结果标准差
5	18.60	14.00	0.25	11.67	12.60	0.07	1.71
6	20.12	16.80	0.16	12.84	14.95	0.14	1.99
7	22.34	19.60	0.12	13.72	17.25	0.20	0.96
8	24.07	22.40	0.07	15.25	19.49	0.22	2.04
9	27.40	25.20	0.08	17.12	21.67	0.21	3.30
10	29.40	28.00	0.05	18.81	23.80	0.21	3.46
11	30.40	30.80	－0.01	19.67	25.87	0.24	3.38
12	33.84	33.60	0.01	22.07	27.89	0.21	3.25
13	38.81	36.40	0.06	22.80	29.85	0.24	2.32
14	39.49	39.20	0.01	24.09	31.75	0.24	2.10
15	39.63	42.00	－0.06	26.28	33.60	0.22	4.24

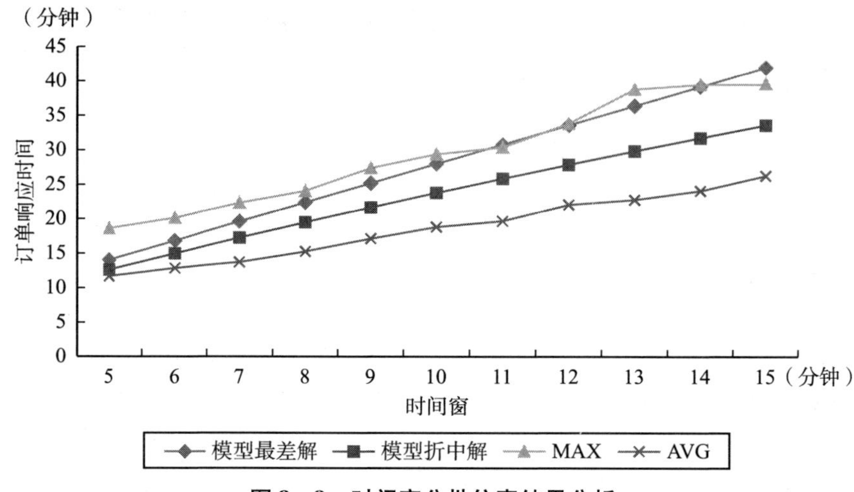

图 8-8 时间窗分批仿真结果分析

经过分析，模型较好地反映出了订单反应时间随时间窗参数变化的规律。另外，订单反应时间的最大值稍微呈现出不稳定波动的特征，这侧面反映了不受约束的时间窗模型在订单密集程度发生较大变化时不稳定，有必要对时间窗模型进行必要的优化。

四、受订单行约束的时间窗模型稳定性仿真验证

当时间窗模型经过改进，加入订单行约束后，可以整理仿真比对结果见表 8-9。

表 8-9 优化时间窗后的作业时间仿真结果

	时间窗为 5/分钟			时间窗为 10/分钟			时间窗为 15/分钟		
	受订单约束	无约束	时间压缩率（%）	受订单约束	无约束	时间压缩率（%）	受订单约束	无约束	时间压缩率（%）
仿真结果最大值	16.82	18.60	10	27.59	29.40	6	37.86	39.63	4
仿真结果平均值	10.13	11.67	15	18.18	18.81	3	24.65	26.28	7
方差	0.99	1.71		3.11	3.46		3.39	4.24	

从表 8 -9 中的数据可以看出，当时间窗模型受订单行约束时，反应平均时间缩小，时间压缩率约为 15%、3% 和 7%；同时反应时间最大值优化后获得的较大降低，在 5 分钟、10 分钟和 15 分钟时窗时，最大值分别降低 10%、6% 和 4%，使 10 分钟时间窗也可以满足硬时窗的要求。另外，优化分批后不同批次作业时间的标准差小于不受约束的时间窗模型的标准差，即受订单行约束的时间窗模型无论从反应时间还是系统的稳定性，都较无约束的时间窗模型有提升。

五、订单排序模型的仿真验证

（一）订单排序

从表 8 -7 的表格中，随机抽取 5 组时间窗分批数据，抽取的 5 个订单批次依次是 5 分钟时窗分配的第 25 批次、6 分钟时窗分配的第 31 批次、8 分钟时窗分配的第 24 批次、5 分钟时窗分配的第 27 批次和 5 分钟时窗分配的第 29 批次。

根据本章第四节第二部分中的改进种子算法和本章第四节第三部分中的改进节约算法对 5 组分批订单顺序进行优化，调整后的订单顺序见表 8 -10。

表 8 -10　　排序后的订单作业顺序

数据序号	数据来源		调整前的分批订单序号	改进种子算法的优化订单顺序	改进节约算法的优化订单顺序
	时窗分钟	批次			
1	5	25	244、245、246、247、248、249、250、251、252、253、254、255、256、257	249、247、251、254、256、253、248、246、255、245、257、250、252（244）	249、247、251、248、246、253、254、256、255、245、257、250、252（244）
2	6	31	426、427、428、429、430、431、432、433、434、435、436、437、438	431、436、437、429、434、426、433、435、432、438、428、427、430	431、436、434、437、429、426、435、433、438、432、428、427、430

续表

数据序号	数据来源		调整前的分批订单序号	改进种子算法的优化订单顺序	改进节约算法的优化订单顺序
	时窗分钟	批次			
3	8	24	369、370、371、372、373、374、375、376、377、378、379、380、381、382、283、384、385、386、387、388	379、387、371、385、369、381、388、373、375、377、370、374、386、380、372、382、378、276、384（383）	379、387、371、385、369、381、373、388、375、370、374、377、386、380、372、382、378、276、384（383）
4	5	37	262、363、364、365、366、367、368、369、370	264、369、362、365、366、370、367、363、368	264、369、365、362、366、370、367、363、368
5	5	29	288、289、290、291、292、293、294、295、296、297	291、297、288、293、292、294、295、296、289、（290）	291、288、293、292、297、294、295、296、289、（290）

注：括号标注的订单号，为订单排序后不需要单独进行出库作业的订单号。

从订单顺序优化结果来看，所选的5个批次中，两种订单排序策略下，3个批次订单数量均减少1个，这说明两种订单排序策略均具有减少系统作业次数的效果，但是由于B2C电商订单的特定，其重合率不高，因此减少程度较低。

（二）仿真结果分析

1. 批次作业完成时间

批次作业完成时间是指自系统开始处理该批次订单开始至完成批次内所有订单的拣选作业的时间。

分别对表8－8中的5组数据的三种订单排序情况进行仿真，分别得到两种订单排序算法下的5组订单的批次作业时间，结果见表8－11。

从批次作业时间来看，两种排序算法均能有效降低作业时间，而且效果显著。基于改进种子算法的订单排序策略，5个批次的时间节约率分别为31.41%、1.60%、38.57%、45.31%和36.61%。改进节约算法的订单排序策略，5个批次的时间节约率分别为35.14%、3.83%、39.07%、45.35%和40.52%。除去第2个批次的效率改善率较低，其他4个批次时间节约率均达到了30%以上，个别批次超过了40%。

对比两种策略的效果，除了第4个批次的时间节约率基本一致，其余

4 个批次，节约算法改善效果均要好于种子算法，见图 8－9。

表 8－11　　每批次订单完成时间

批次序号	1		2		3		4		5	
时间窗（分钟）	5		6		8		5		5	
指标	作业时间（秒）	压缩率（%）	作业时间（秒）	压缩率（%）	作业时间（秒）	压缩率（%）	作业时间（秒）	压缩率（%）	作业时间（秒）	压缩率（%）
优化前	505.5	—	455.8	—	949.9	—	787.5	—	452.2	—
种子算法	346.7	31.41	448.5	1.60	583.5	38.57	430.7	45.31	286.7	36.61
节约算法	327.9	35.14	438.3	3.83	578.7	39.07	430.4	45.35	269.0	40.52

注：作业时间压缩率是和优化前的数据相对比。

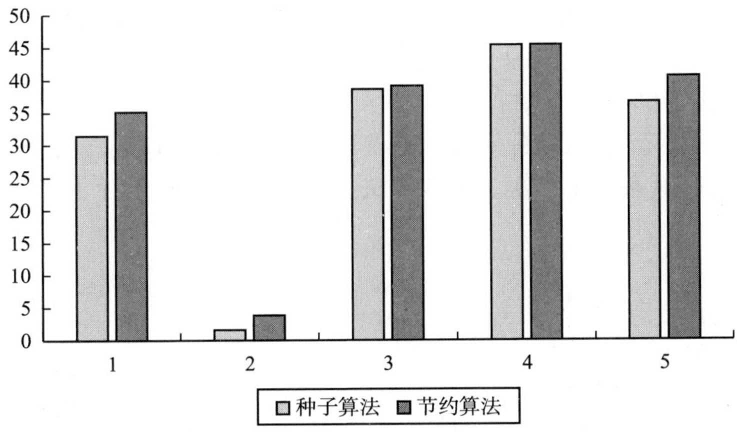

图 8－9　两种算法的时间压缩率对比

2. 批次订单平均响应速度

订单响应速度是指从该订单下单至订单作业完成的时间。批次订单平均响应速度是指该批次订单的响应速度均值。

根据表 8－8 中 5 组数据的仿真结果，分别得到两种订单排序算法下的 5 组批次订单平均响应速度，结果见表 8－12。

表8-12　每批次订单平均响应速度

批次序号	1		2		3		4		5	
时间窗（分钟）	5		6		8		5		5	
指标	平均响应速度（秒）	提升率（%）	平均响应速度（秒）	提升率（%）	平均响应速度（秒）	提升率（%）	平均响应速度（秒）	提升率（%）	平均响应速度（秒）	提升率（%）
优化前	372.7	—	478.1	—	633.2	—	495.5	—	361.6	—
种子算法	332.1	10.89	441.6	7.64	583.9	7.80	454.4	8.29	325.6	9.96
节约算法	315.2	15.43	433.3	9.37	607.2	4.12	448.1	9.55	307.5	14.95

注：响应速度提升率是和优化前的数据相对比。

从批次作业时间来看，两种排序算法均能有效提升订单响应速度，但是从提升率角度来看，提升效果不如批次作业完成时间改善效果显著。基于改进种子算法的订单排序策略，5个批次的平均订单响应速度提升率分别为10.89%、7.64%、7.80%、8.29%和9.96%。改进节约算法的订单排序策略，5个批次的平均订单响应速度提升率分别为15.43%、9.37%、4.12%、9.55%和14.95%。两种算法各5个批次的平均订单响应速度提升率均低于20%。

对比两种算法的提升效果，除了第3个批次节约算法的提升率低于种子算法，其余4个批次，节约算法改善效果均要好于种子算法，见图8-10。

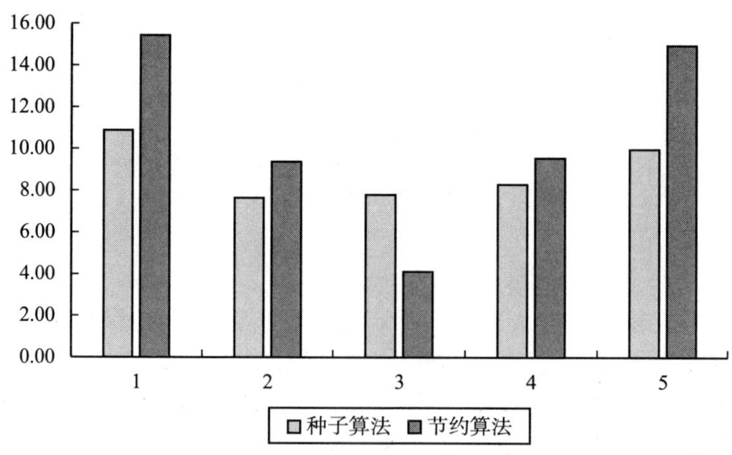

图8-10　两种算法的响应速度提升率对比

第六节　小　　结

本章讨论了不同的分批策略与B2C订单的适配情况，利用lexsim仿真分析了不同时窗分批的对B2C电商订单适用情况，结果表明时窗分批在B2C电商物流领域的可适用性，但也存在不稳定性；引入了订单行作为约束因素，对时窗分批模型进行了改进，提出了双因素约束的订单分批策略，经仿真得到该模型可有效减少反应时间的不稳定性；利用线路优化中的经典算法——种子算法和节约算法，经调整改进后用于对分批订单的排序，结果表明两种算法均可有效减少批次订单的作业完成时间，提高系统对订单的反应时效性，但是反应效率的改善效果不如作业完成时间的改善效果显著；节约算法的改善效果整体优于种子算法。

第九章

结　束　语

本书以 B2C 电商物流为研究对象，分析顾客满意度、作业效率、反应速度等的影响因素，帮助使用者科学合理地选择适用的物流模式；通过对两种主要的自动存取及拣选系统的双目标评价，帮助使用者合理选择适用的自动存取系统；并通过储位优化和订单分批排序优化，提高自动存取及拣选系统的效率。

本书从六个方面展开分析和论证：

一是对当前 B2C 电商物流服务现状进行调研，利用调查问卷的方式分析人们对电商物流的满意程度。

二是对电商物流进行评价和分析，利用层次分析法，建立数学模型，对两种物流模式进行分析和评价。

三是对集中式和分散式 AS/RS 系统的作业时间进行建模，并利用仿真软件对两系统的主要指标进行分析，重点是货架结构和订单密度对系统效率的影响，并建立两系统间横向对比的多目标函数评价函数模型；

四是以品项相似系数为依据，构建了启发式聚类算法，完成了品项聚类，并在此基础上提出合理的储位优化，对不同的聚类及储位优化方案进行对比分析；

五是结合 B2C 订单及分散式 AS/RS 特点，选择合理的订单分批策略，并对时窗分批策略进行改善，提高了系统的反应速度的稳定性；

六是对订单进行排序，通过消除订单补货不及时以及订单顺序不合理带来的设备等待，提高了系统的效率及订单反应速度。

由于 B2C 电商物流所涉及的环节和因素太多，自动仓储及拣选系统的复杂性，问题的研究还可以进一步深入：

第一，由于科技的快速发展，新的物流装备不断涌现，B2C 电商物流的模式不断优化，后期可继续追踪研究。

第二，品项聚类方面，是引入工业工程领域的相似系数进行聚类，后期可尝试灰色聚类法等多种聚类方法，找出更优的聚类方案。

第三，在订单排序方面，本书提出的两种改良式启发算法计算时间均较长，后期可对算法进行优化。

第四，由于经历有限，本书的仿真作业局限在一定范围内，后期可增加仿真数据，使数据拟合曲线可靠性更高，模型验证更有说服力。

最后，欢迎各位各界物流专家、学者对本书提出宝贵意见，也希望本书的研究能为产业界提供借鉴价值。

附　　录

一、关于 B2C 电商物流服务质量调查的调查问卷

亲爱的朋友:

您好!

非常感谢您抽出宝贵的时间填答本问卷。本问卷是一份学术性研究问卷，旨在了解 B2C 电子商务下物流服务的质量，您所提供的相关信息仅供学术性研究之用，请您放心填答本问卷。在本问卷的填答过程中，没有正确、错误与否之分，只要选择您最真实意见和想法即可，若有某个问题未能完全表达您的意见时，请勾选最接近您看法的答案。您的热心参与将有助于本研究的顺利完成，如您需要，我们非常乐意与您分享本研究的成果。

真诚感谢您的合作! 祝您工作顺利、万事如意!

第一部分：消费者基本情况和 B2C 电商物流现状调查

1. 您的性别 [单选题] [必答题]

○ 男

○ 女

2. 您的年龄 [单选题] [必答题]

○ 15 岁以下

○ 16 ~ 25 岁

○ 26 ~ 35 岁

○ 36 ~ 45 岁

○ 45 岁以上

3. 您的最高学历 [单选题] [必答题]

○ 初中及以下

○ 高中或中专
○ 大专
○ 大学本科
○ 硕士及以上

4. 您的月收入（若无收入，请填写您平均可支配的月零用钱）[单选题][必答题]

○ 1500 元以下
○ 1500 ~ 3499 元
○ 3500 ~ 5499 元
○ 5500 ~ 7499 元
○ 7500 元以上

5. 您网上购物的频率？[单选题][必答题]

○ 一个月几次
○ 一个月一次
○ 几个月一次
○ 几乎没有

6. 您经常从下列哪个电子商务网站购物？若有多个网站，请选择最经常的三个电子商务网站 [多选题][必答题]

□ 京东商城
□ 天猫商城
□ 当当网
□ 聚美优品
□ 唯品会
□ 苏宁易购

7. 您认为下列哪些因素会影响网络购物体验？（可多选）[多选题][必答题]

□ 产品质量
□ 物流服务
□ 产品价格
□ 朋友建议
□ 以往购物经验

8. 您认为下列哪些是网络购物最重要的物流因素？（可多选）[多选题][必答题]

□ 服务信誉
□ 处理问题能力
□ 服务范围
□ 服务态度
□ 配送时间
□ 物流费用

第二部分：关于自营物流和第三方物流两种不同物流模式的购物体验及对比考量

9. 您在下列哪个自营物流模式的电商网站中有更多的购物经历？［单选题］［必答题］

○ 京东商城
○ 唯品会
○ 苏宁易购

10. 自营物流模式电商网站物流的满意度情况（根据上题所选的网站）［矩阵单选题］［必答题］

	非常不满意	比较不满意	一般	比较满意	非常满意
1. 快递方式的可选择性	○	○	○	○	○
2. 物流服务的覆盖范围	○	○	○	○	○
3. 配送商品的完好性	○	○	○	○	○
4. 退换货服务的可靠性	○	○	○	○	○
5. 货物配送时间	○	○	○	○	○
6. 退换货处理情况	○	○	○	○	○
7. 员工的形象、服务和态度	○	○	○	○	○
8. 签收前验货	○	○	○	○	○
9. 公司整体的物流服务质量	○	○	○	○	○

11. 您在下列哪个第三方物流模式的电商网站中有更多的购物经历？［单选题］［必答题］

○ 天猫商城
○ 当当网

○ 聚美优品

12. 第三方物流模式电商网站物流的满意度情况（根据 11 题所选的网站）［矩阵单选题］［必答题］

	非常不满意	比较不满意	一般	比较满意	非常满意
1. 快递方式的可选择性	○	○	○	○	○
2. 物流服务的覆盖范围	○	○	○	○	○
3. 配送商品的完好性	○	○	○	○	○
4. 退换货服务的可靠性	○	○	○	○	○
5. 货物配送时间	○	○	○	○	○
6. 退换货处理情况	○	○	○	○	○
7. 员工的形象、服务和态度	○	○	○	○	○
8. 签收前验货	○	○	○	○	○
9. 公司整体的物流服务质量	○	○	○	○	○

二、B2C 电商物流服务调查问卷

您好！首先感谢您对本项研究的大力支持，本次调查所求得的所有数据都将用于本人论文的写作，您提供的数据将不会用于任何商业用途，填写问卷将占用您十分钟的时间，请根据您自身的感受填写，谢谢合作！

问卷答案没有对错之分，只需根据自己的实际情况填写即可。对于你所提供的协助，我们表示诚挚的感谢！

以下题目均为单选。

1. 您的年龄是：

A. 20 岁及以下　　B. 20 ~ 40 岁

C. 40 ~ 60 岁及以上　　D. 60 及以上

2. 您的性别是：

A. 男　　B. 女

3. 针对京东、当当网和天猫商城，您认为运输配送费用最低的是：

A. 京东　　B. 当当网　　C. 天猫商城

4. 针对京东、当当网和天猫商城，您认为配送时间最短的是：

A. 京东　　B. 当当网　　C. 天猫商城

5. 针对京东、当当网和天猫商城，您认为收发货物出现差错最少的是：

A. 京东　　B. 当当网　　C. 天猫商城

6. 针对京东、当当网和天猫商城的运输配送，您认为出现货物破损最少的是：

A. 京东　　B. 当当网　　C. 天猫商城

7. 您认为在京东、当当网和天猫商城购物时，下订单最方便的是：

A. 京东　　B. 当当网　　C. 天猫商城

8. 您认为京东、当当网和天猫商城的物流服务服务最好的是：

A. 京东　　B. 当当网　　C. 天猫商城

9. 您在京东、当当网和天猫商城这三个B2C电商网站购物时出现约定日期没有交货的情况？

A. 京东　　B. 当当网　　C. 天猫商城

10. 您在京东、当当网和天猫商城这三个B2C电商网站购物时出现约定日期没有收到货物的情况？

A. 京东　　B. 当当网　　C. 天猫商城

三、各家快递公司物流服务效率统计

表1　申通快递物流服务效率统计　　单位：小时

企业	实体流程总耗时	阶段一耗时	占比（%）	阶段二耗时	占比（%）	阶段三耗时	占比（%）
申通快递	49	8	16.33	36	73.47	5	10.20
申通快递	30	6	20.00	17	56.67	7	23.33
申通快递	32	6.5	20.31	20	62.50	5.5	17.19
申通快递	47	11	23.40	30	63.83	6	12.77
申通快递	41	10	24.39	24	58.54	7	17.07
申通快递	30	9	30.00	15	50.00	6	20.00
申通快递	34.5	7.5	21.74	22	63.77	5	14.49
申通快递	34.5	7	20.29	20	57.97	7.5	21.74
申通快递	46.5	10.5	22.58	32	68.82	4	8.60
申通快递	29	12	41.38	12	41.38	5	17.24

续表

企业	实体流程总耗时	阶段一耗时	占比（%）	阶段二耗时	占比（%）	阶段三耗时	占比（%）
申通快递	19	3	15.79	10	52.63	6	31.58
申通快递	21.5	5.5	25.58	13	60.47	3	13.95
申通快递	32	8	25.00	20	62.50	4	12.50
申通快递	23.5	6	25.53	14	59.57	3.5	14.89
申通快递	37	9.5	25.68	21	56.76	6.5	17.57
申通快递	39	14	35.90	20	51.28	5	12.82
申通快递	39.5	9	22.78	26	65.82	4.5	11.39
申通快递	24.5	4.5	18.37	18	73.47	2	8.16
申通快递	30	7	23.33	17	56.67	6	20.00
申通快递	31.5	4	12.70	22	69.84	5.5	17.46
申通快递	23	7	30.43	12	52.17	4	17.39
申通快递	28	6.5	23.21	14	50.00	7.5	26.79
申通快递	42	13	30.95	23	54.76	6	14.29
申通快递	27	7	25.93	13	48.15	7	25.93
申通快递	39	14	35.90	21	53.85	4	10.26
申通快递	55	10	18.18	40	72.73	5	9.09
申通快递	47.5	6	12.63	34	71.58	7.5	15.79
申通快递	53	14	26.42	33	62.26	6	11.32
申通快递	42	9	21.43	25	59.52	8	19.05
申通快递	29.5	10	33.90	14	47.46	5.5	18.64
申通快递	32.5	7	21.54	18	55.38	7.5	23.08
申通快递	28	13	46.43	10	35.71	5	17.86
申通快递	26.5	6	22.64	15	56.60	5.5	20.75
申通快递	31	9	29.03	17	54.84	5	16.13
申通快递	25	12	48.00	9	36.00	4	16.00
申通快递	23	9.5	41.30	8	34.78	5.5	23.91
申通快递	34.5	8	23.19	19	55.07	7.5	21.74

续表

企业	实体流程总耗时	阶段一耗时	占比（%）	阶段二耗时	占比（%）	阶段三耗时	占比（%）
申通快递	56	15	26.79	37	66.07	4	7.14
申通快递	51	13	25.49	32	62.75	6	11.76
申通快递	36.5	4	10.96	28	76.71	4.5	12.33
均值	35.03	8.78	25.05	20.78	59.31	5.48	15.63
方差	81.32	9.67		69.72		1.94	

表2　　顺丰速运物流服务效率统计　　单位：小时

企业	实体流程总耗时	阶段一耗时	占比（%）	阶段二耗时	占比（%）	阶段三耗时	占比（%）
顺丰速运	15	3	20.00	7.5	50.00	4.5	30.00
顺丰速运	18	2	11.11	13	72.22	3	16.67
顺丰速运	23	3	13.04	15	65.22	5	21.74
顺丰速运	19	4	21.05	12.5	65.79	2.5	13.16
顺丰速运	22.5	4.5	20.00	14.5	64.44	3.5	15.56
顺丰速运	18	3	16.67	11	61.11	4	22.22
顺丰速运	16.5	1.5	9.09	12.5	75.76	2.5	15.15
顺丰速运	17.5	2	11.43	13.5	77.14	2	11.43
顺丰速运	22	4.5	20.45	14	63.64	3.5	15.91
顺丰速运	21.5	4	18.60	15.5	72.09	2	9.30
顺丰速运	18	3	16.67	12	66.67	3	16.67
顺丰速运	15	2	13.33	11.5	76.67	1.5	10.00
顺丰速运	25	5	20.00	16	64.00	4	16.00
顺丰速运	25	4	16.00	19	76.00	2	8.00
顺丰速运	21.5	3	13.95	17	79.07	1.5	6.98
顺丰速运	26.8	5	18.66	18.8	70.15	3	11.19
顺丰速运	24	2.5	10.42	19	79.17	2.5	10.42

续表

企业	实体流程总耗时	阶段一耗时	占比（%）	阶段二耗时	占比（%）	阶段三耗时	占比（%）
顺丰速运	25	2.5	10.00	20.5	82.00	2	8.00
顺丰速运	29	3.5	12.07	22	75.86	3.5	12.07
顺丰速运	22.5	4.5	20.00	15	66.67	3	13.33
顺丰速运	17	5	29.41	9.5	55.88	2.5	14.71
顺丰速运	14.5	2	13.79	10	68.97	2.5	17.24
顺丰速运	18	2.5	13.89	11.5	63.89	4	22.22
顺丰速运	15.5	3	19.35	8	51.61	4.5	29.03
顺丰速运	11.5	1.5	13.04	7	60.87	3	26.09
顺丰速运	13	3.5	26.92	6.5	50.00	3	23.08
顺丰速运	14.5	2	13.79	10	68.97	2.5	17.24
顺丰速运	15.5	2	12.90	12	77.42	1.5	9.68
顺丰速运	15	2.5	16.67	11.5	76.67	1	6.67
顺丰速运	13.5	2.5	18.52	9	66.67	2	14.81
顺丰速运	14.5	3	20.69	9.5	65.52	2	13.79
顺丰速运	13.5	1	7.41	10	74.07	2.5	18.52
顺丰速运	16	1.5	9.38	11	68.75	3.5	21.88
顺丰速运	19	2	10.53	13	68.42	4	21.05
顺丰速运	22.5	3	13.33	15.5	68.89	4	17.78
顺丰速运	19.5	3.5	17.95	14	71.79	2	10.26
顺丰速运	17.5	2	11.43	12	68.57	3.5	20.00
顺丰速运	20.5	2.5	12.20	16	78.05	2	9.76
顺丰速运	16	1.5	9.38	12	75.00	2.5	15.63
顺丰速运	21	3	14.29	15	71.43	3	14.29
均值	18.82	2.90	15.41	13.07	69.45	2.85	15.14
方差	15.52	1.14		13.49		0.89	

表3 天天快递物流服务效率统计 单位：小时

企业	实体流程总耗时	阶段一耗时	占比（%）	阶段二耗时	占比（%）	阶段三耗时	占比（%）
天天快递	60	14	23.33	40	66.67	6	10.00
天天快递	39.5	8	20.25	24	60.76	7.5	18.99
天天快递	32	7.5	23.44	16	50.00	8.5	26.56
天天快递	32	5	15.63	18	56.25	9	28.13
天天快递	36.5	8	21.92	23	63.01	5.5	15.07
天天快递	34.5	10	28.99	18	52.17	6.5	18.84
天天快递	25	5	20.00	15	60.00	5	20.00
天天快递	26.5	8	30.19	14	52.83	4.5	16.98
天天快递	51	17	33.33	27	52.94	7	13.73
天天快递	26.5	9	33.96	14	52.83	3.5	13.21
天天快递	48	13	27.08	26	54.17	9	18.75
天天快递	33.5	8.5	25.37	17	50.75	8	23.88
天天快递	43.5	13	29.89	23	52.87	7.5	17.24
天天快递	26	6	23.08	14	53.85	6	23.08
天天快递	41	7.5	18.29	27	65.85	6.5	15.85
天天快递	67	18	26.87	44	65.67	5	7.46
天天快递	62	6.5	10.48	48	77.42	7.5	12.10
天天快递	37.5	3	8.00	29	77.33	5.5	14.67
天天快递	41	7	17.07	25	60.98	9	21.95
天天快递	39.5	10	25.32	21	53.16	8.5	21.52
天天快递	24.5	6.5	26.53	13	53.06	5	20.41
天天快递	33.5	12	35.82	17	50.75	4.5	13.43
天天快递	35.5	11	30.99	18	50.70	6.5	18.31
天天快递	29.5	5.5	18.64	20	67.80	4	13.56
天天快递	31.5	9.5	30.16	14	44.44	8	25.40
天天快递	32.5	10.5	32.31	16	49.23	6	18.46
天天快递	25.5	5	19.61	13	50.98	7.5	29.41

续表

企业	实体流程总耗时	阶段一耗时	占比（%）	阶段二耗时	占比（%）	阶段三耗时	占比（%）
天天快递	28.5	6.5	22.81	16	56.14	6	21.05
天天快递	27	7	25.93	13	48.15	7	25.93
天天快递	21.5	6.5	30.23	10	46.51	5	23.26
天天快递	20.5	7.5	36.59	9	43.90	4	19.51
天天快递	22.5	5	22.22	11	48.89	6.5	28.89
天天快递	26.5	8.5	32.08	12	45.28	6	22.64
天天快递	26	9	34.62	10	38.46	7	26.92
天天快递	23	4	17.39	14	60.87	5	21.74
天天快递	23.5	6	25.53	11	46.81	6.5	27.66
天天快递	27	7.5	27.78	12	44.44	7.5	27.78
天天快递	26.5	5.5	20.75	13	49.06	8	30.19
天天快递	18.5	3.5	18.92	9	48.65	6	32.43
天天快递	24.5	4.5	18.37	12	48.98	8	32.65
均值	33.26	8.13	24.43	18.65	56.07	6.49	19.50
方差	130.17	11.60		83.00		2.20	

表 4　　圆通速递物流服务效率统计　　单位：小时

企业	实体流程总耗时	阶段一耗时	占比（%）	阶段二耗时	占比（%）	阶段三耗时	占比（%）
圆通速递	38.5	4.5	11.69	25	64.94	9	23.38
圆通速递	36	6	16.67	18	50.00	12	33.33
圆通速递	49	12	24.49	27	55.10	10	20.41
圆通速递	37	9	24.32	20	54.05	8	21.62
圆通速递	52	16	30.77	25	48.08	11	21.15
圆通速递	35.5	10	28.17	17	47.89	8.5	23.94
圆通速递	30.5	13	42.62	10	32.79	7.5	24.59
圆通速递	33	10	30.30	16	48.48	7	21.21

续表

企业	实体流程总耗时	阶段一耗时	占比（%）	阶段二耗时	占比（%）	阶段三耗时	占比（%）
圆通速递	24	11	45.83	9	37.50	4	16.67
圆通速递	29.5	9	30.51	14.5	49.15	6	20.34
圆通速递	21.6	6	27.78	7.6	35.19	8	37.04
圆通速递	22.5	8	35.56	8.5	37.78	6	26.67
圆通速递	18	4.5	25.00	4.5	25.00	9	50.00
圆通速递	21	3	14.29	12	57.14	6	28.57
圆通速递	25.5	6.5	25.49	14	54.90	5	19.61
圆通速递	26	7	26.92	15	57.69	4	15.38
圆通速递	31.5	8	25.40	16.5	52.38	7	22.22
圆通速递	36	10	27.78	18	50.00	8	22.22
圆通速递	38	11.5	30.26	17.5	46.05	9	23.68
圆通速递	26.5	14	52.83	8	30.19	4.5	16.98
圆通速递	32.5	6.5	20.00	20	61.54	6	18.46
圆通速递	30	3.5	11.67	22	73.33	4.5	15.00
圆通速递	23.52	4	17.01	13.52	57.48	6	25.51
圆通速递	29	2.5	8.62	23	79.31	3.5	12.07
圆通速递	35	6	17.14	26	74.29	3	8.57
圆通速递	79	14	17.72	58	73.42	7	8.86
圆通速递	19	2.5	13.16	12	63.16	4.5	23.68
圆通速递	28	8	28.57	14	50.00	6	21.43
圆通速递	30	9	30.00	16	53.33	5	16.67
圆通速递	32.5	7	21.54	18.5	56.92	7	21.54
圆通速递	26	4	15.38	14	53.85	8	30.77
圆通速递	28.5	6.5	22.81	16.5	57.89	5.5	19.30
圆通速递	27.5	10	36.36	11	40.00	6.5	23.64
圆通速递	35.5	14	39.44	17	47.89	4.5	12.68
圆通速递	38.5	15	38.96	18	46.75	5.5	14.29

续表

企业	实体流程总耗时	阶段一耗时	占比（%）	阶段二耗时	占比（%）	阶段三耗时	占比（%）
圆通速递	33. 5	10. 5	31. 34	19	56. 72	4	11. 94
圆通速递	32	11	34. 38	16	50. 00	5	15. 63
圆通速递	36	13	36. 11	17	47. 22	6	16. 67
圆通速递	33. 5	11. 5	34. 33	13	38. 81	9	26. 87
圆通速递	20	4	20. 00	8	40. 00	8	40. 00
均值	32. 28	8. 54	26. 45	17. 17	53. 18	6. 58	20. 37
方差	88. 86	13. 90		70. 44		4. 52	

表 5　　**韵达快递物流服务效率统计**　　单位：小时

企业	实体流程总耗时	阶段一耗时	占比（%）	阶段二耗时	占比（%）	阶段三耗时	占比（%）
韵达快递	34. 5	18	52. 17	9. 5	27. 54	7	20. 29
韵达快递	21	6	28. 57	11	52. 38	4	19. 05
韵达快递	31	11	35. 48	15	48. 39	5	16. 13
韵达快递	30	10	33. 33	14	46. 67	6	20. 00
韵达快递	35. 5	9	25. 35	17	47. 89	9. 5	26. 76
韵达快递	35	7	20. 00	18	51. 43	10	28. 57
韵达快递	34. 5	8	23. 19	19	55. 07	7. 5	21. 74
韵达快递	31	9	29. 03	13	41. 94	9	29. 03
韵达快递	26. 5	8	30. 19	12	45. 28	6. 5	24. 53
韵达快递	25	6	24. 00	15	60. 00	4	16. 00
韵达快递	22. 5	7	31. 11	10. 5	46. 67	5	22. 22
韵达快递	22. 5	5	22. 22	11. 5	51. 11	6	26. 67
韵达快递	28. 5	8	28. 07	11	38. 60	9. 5	33. 33
韵达快递	32. 5	9	27. 69	15. 5	47. 69	8	24. 62
韵达快递	32	10	31. 25	16. 5	51. 56	5. 5	17. 19
韵达快递	18	11	61. 11	1	5. 56	6	33. 33

续表

企业	实体流程总耗时	阶段一耗时	占比（%）	阶段二耗时	占比（%）	阶段三耗时	占比（%）
韵达快递	24	5	20.83	15	62.50	4	16.67
韵达快递	32	9	28.13	13	40.63	10	31.25
韵达快递	26	8	30.77	14	53.85	4	15.38
韵达快递	27	6	22.22	16	59.26	5	18.52
韵达快递	26	4.5	17.31	15	57.69	6.5	25.00
韵达快递	31.5	5.5	17.46	17	53.97	9	28.57
韵达快递	29.5	6.5	22.03	15	50.85	8	27.12
韵达快递	31.5	10	31.75	14	44.44	7.5	23.81
韵达快递	28	2.5	8.93	16	57.14	9.5	33.93
韵达快递	33	11	33.33	12	36.36	10	30.30
韵达快递	33.5	15	44.78	10.5	31.34	8	23.88
韵达快递	37	12	32.43	11	29.73	14	37.84
韵达快递	34	11	32.35	12.5	36.76	10.5	30.88
韵达快递	32	6	18.75	16	50.00	10	31.25
韵达快递	24	5.5	22.92	12.5	52.08	6	25.00
韵达快递	30	4	13.33	17	56.67	9	30.00
韵达快递	34.5	8.5	24.64	18	52.17	8	23.19
韵达快递	35	9.5	27.14	20	57.14	5.5	15.71
韵达快递	23	6	26.09	10.5	45.65	6.5	28.26
韵达快递	30.5	11	36.07	12.5	40.98	7	22.95
韵达快递	33.5	10.5	31.34	16	47.76	7	20.90
韵达快递	32.5	10	30.77	14	43.08	8.5	26.15
韵达快递	30	9	30.00	12	40.00	9	30.00
韵达快递	36.5	8.5	23.29	17	46.58	11	30.14
均值	29.86	8.41	28.17	13.90	46.55	7.55	25.28
方差	25.24	8.88		11.23		5.13	

表6 百世快递物流服务效率统计 单位：小时

企业	实体流程总耗时	阶段一耗时	占比（%）	阶段二耗时	占比（%）	阶段三耗时	占比（%）
百世快递	26.5	6.5	24.53	16	60.38	4	15.09
百世快递	28.8	7.8	27.08	15	52.08	6	20.83
百世快递	33	11	33.33	14	42.42	8	24.24
百世快递	30.5	13	42.62	10.5	34.43	7	22.95
百世快递	32.5	15	46.15	11.5	35.38	6	18.46
百世快递	41.5	18.5	44.58	14	33.73	9	21.69
百世快递	31	11	35.48	12	38.71	8	25.81
百世快递	39	14	35.90	18	46.15	7	17.95
百世快递	32	15	46.88	9	28.13	8	25.00
百世快递	30.5	16	52.46	7	22.95	7.5	24.59
百世快递	30	17	56.67	5	16.67	8	26.67
百世快递	33	14	42.42	10	30.30	9	27.27
百世快递	33	15	45.45	14	42.42	4	12.12
百世快递	33	11	33.33	15	45.45	7	21.21
百世快递	33.5	13	38.81	14	41.79	6.5	19.40
百世快递	35.5	15	42.25	12.5	35.21	8	22.54
百世快递	32	10	31.25	13	40.63	9	28.13
百世快递	35.5	9	25.35	16.5	46.48	10	28.17
百世快递	29.5	8.5	28.81	14.5	49.15	6.5	22.03
百世快递	30	6	20.00	10	33.33	14	46.67
百世快递	22	4.5	20.45	9	40.91	8.5	38.64
百世快递	24.5	6	24.49	12	48.98	6.5	26.53
百世快递	23	11	47.83	5	21.74	7	30.43
百世快递	28.5	14	49.12	6.5	22.81	8	28.07
百世快递	33.5	17	50.75	7	20.90	9.5	28.36
百世快递	25	3.5	14.00	12	48.00	9.5	38.00
百世快递	32.5	6.5	20.00	15	46.15	11	33.85

续表

企业	实体流程总耗时	阶段一耗时	占比（%）	阶段二耗时	占比（%）	阶段三耗时	占比（%）
百世快递	37	6	16.22	19	51.35	12	32.43
百世快递	28.5	8	28.07	14	49.12	6.5	22.81
百世快递	35	9	25.71	18	51.43	8	22.86
百世快递	27.5	7	25.45	13.5	49.09	7	25.45
百世快递	35	11	31.43	16	45.71	8	22.86
百世快递	31	13	41.94	12	38.71	6	19.35
百世快递	38.5	14	36.36	15.5	40.26	9	23.38
百世快递	26	12.5	48.08	8.5	32.69	5	19.23
百世快递	20	6.5	32.50	9	45.00	4.5	22.50
百世快递	23	8	34.78	9.5	41.30	5.5	23.91
百世快递	32.5	15	46.15	11	33.85	6.5	20.00
百世快递	30.5	12	39.34	14	45.90	4.5	14.75
百世快递	24.5	6	24.49	12	48.98	6.5	26.53
均值	30.71	10.92	35.56	12.25	39.89	7.54	24.55
方差	32.04	15.46		12.28		4.30	

四、品项相关系数表

以下列出了相关系数不为0的品项之间的相关系数，且按照相关系数由大至小排序

表7　　品项相关系数

品项i	品项j	相关系数	品项i	品项j	相关系数	品项i	品项j	相关系数
8	48	0.036885	23	130	0.004098	64	121	0.004098
33	38	0.020492	23	137	0.004098	64	148	0.004098
33	108	0.020492	24	79	0.004098	66	70	0.004098
33	136	0.020492	24	131	0.004098	68	127	0.004098
38	108	0.020492	24	166	0.004098	72	126	0.004098

续表

品项 i	品项 j	相关系数	品项 i	品项 j	相关系数	品项 i	品项 j	相关系数
38	136	0. 020492	24	171	0. 004098	72	147	0. 004098
108	136	0. 020492	25	46	0. 004098	73	156	0. 004098
9	20	0. 016393	25	48	0. 004098	76	150	0. 004098
9	33	0. 016393	25	63	0. 004098	76	179	0. 004098
9	38	0. 016393	25	78	0. 004098	77	91	0. 004098
9	108	0. 016393	25	97	0. 004098	77	108	0. 004098
9	136	0. 016393	25	127	0. 004098	77	112	0. 004098
20	33	0. 016393	27	31	0. 004098	77	129	0. 004098
20	38	0. 016393	29	99	0. 004098	77	134	0. 004098
20	108	0. 016393	29	145	0. 004098	77	136	0. 004098
20	136	0. 016393	29	176	0. 004098	77	148	0. 004098
48	151	0. 016393	30	120	0. 004098	77	165	0. 004098
116	130	0. 012295	31	32	0. 004098	78	111	0. 004098
4	134	0. 008197	31	39	0. 004098	78	127	0. 004098
49	77	0. 008197	31	42	0. 004098	79	111	0. 004098
51	87	0. 008197	31	149	0. 004098	79	166	0. 004098
52	72	0. 008197	31	167	0. 004098	80	118	0. 004098
69	114	0. 008197	31	185	0. 004098	82	129	0. 004098
79	131	0. 008197	32	39	0. 004098	83	138	0. 004098
82	95	0. 008197	32	42	0. 004098	83	177	0. 004098
92	155	0. 008197	32	118	0. 004098	84	128	0. 004098
130	151	0. 008197	32	149	0. 004098	84	174	0. 004098
168	171	0. 008197	32	167	0. 004098	86	100	0. 004098
1	3	0. 004098	32	185	0. 004098	86	135	0. 004098
1	55	0. 004098	33	49	0. 004098	86	139	0. 004098
1	58	0. 004098	33	77	0. 004098	86	152	0. 004098
1	80	0. 004098	33	137	0. 004098	86	163	0. 004098

续表

品项 i	品项 j	相关系数	品项 i	品项 j	相关系数	品项 i	品项 j	相关系数
1	113	0. 004098	33	170	0. 004098	86	167	0. 004098
1	118	0. 004098	34	37	0. 004098	89	185	0. 004098
3	55	0. 004098	34	86	0. 004098	90	173	0. 004098
3	113	0. 004098	34	100	0. 004098	91	148	0. 004098
4	10	0. 004098	34	135	0. 004098	91	165	0. 004098
4	153	0. 004098	34	139	0. 004098	93	107	0. 004098
5	32	0. 004098	34	152	0. 004098	94	135	0. 004098
5	118	0. 004098	34	163	0. 004098	94	147	0. 004098
6	23	0. 004098	34	167	0. 004098	95	103	0. 004098
6	130	0. 004098	36	39	0. 004098	95	129	0. 004098
6	137	0. 004098	36	88	0. 004098	95	173	0. 004098
7	10	0. 004098	36	97	0. 004098	96	161	0. 004098
7	13	0. 004098	36	117	0. 004098	96	188	0. 004098
7	31	0. 004098	36	147	0. 004098	97	101	0. 004098
7	32	0. 004098	36	178	0. 004098	97	147	0. 004098
7	39	0. 004098	37	86	0. 004098	97	178	0. 004098
7	42	0. 004098	37	100	0. 004098	99	145	0. 004098
7	46	0. 004098	37	135	0. 004098	99	176	0. 004098
7	123	0. 004098	37	139	0. 004098	100	135	0. 004098
7	129	0. 004098	37	152	0. 004098	100	139	0. 004098
7	149	0. 004098	37	163	0. 004098	100	152	0. 004098
7	167	0. 004098	37	167	0. 004098	100	163	0. 004098
7	185	0. 004098	38	49	0. 004098	100	167	0. 004098
8	22	0. 004098	38	77	0. 004098	102	141	0. 004098
8	25	0. 004098	38	137	0. 004098	104	135	0. 004098
8	94	0. 004098	38	170	0. 004098	108	137	0. 004098
8	107	0. 004098	39	42	0. 004098	108	170	0. 004098

续表

品项 i	品项 j	相关系数	品项 i	品项 j	相关系数	品项 i	品项 j	相关系数
9	10	0. 004098	39	88	0. 004098	110	167	0. 004098
9	49	0. 004098	39	149	0. 004098	111	131	0. 004098
9	77	0. 004098	39	167	0. 004098	113	127	0. 004098
9	137	0. 004098	39	185	0. 004098	115	121	0. 004098
9	170	0. 004098	40	137	0. 004098	115	148	0. 004098
10	17	0. 004098	41	59	0. 004098	118	146	0. 004098
10	20	0. 004098	42	149	0. 004098	121	148	0. 004098
10	21	0. 004098	42	167	0. 004098	123	129	0. 004098
10	31	0. 004098	42	185	0. 004098	128	174	0. 004098
10	32	0. 004098	44	73	0. 004098	129	167	0. 004098
10	33	0. 004098	44	156	0. 004098	129	173	0. 004098
10	38	0. 004098	45	181	0. 004098	130	131	0. 004098
10	39	0. 004098	46	63	0. 004098	130	137	0. 004098
10	42	0. 004098	46	97	0. 004098	130	140	0. 004098
10	57	0. 004098	46	123	0. 004098	130	178	0. 004098
10	60	0. 004098	46	129	0. 004098	131	166	0. 004098
10	74	0. 004098	46	133	0. 004098	131	178	0. 004098
10	77	0. 004098	46	154	0. 004098	132	159	0. 004098
10	82	0. 004098	46	172	0. 004098	133	154	0. 004098
10	95	0. 004098	46	178	0. 004098	134	144	0. 004098
10	108	0. 004098	48	94	0. 004098	134	157	0. 004098
10	129	0. 004098	48	107	0. 004098	135	139	0. 004098
10	136	0. 004098	48	132	0. 004098	135	151	0. 004098
10	137	0. 004098	48	135	0. 004098	135	152	0. 004098
10	149	0. 004098	49	91	0. 004098	135	163	0. 004098
10	167	0. 004098	49	108	0. 004098	135	167	0. 004098
10	170	0. 004098	49	136	0. 004098	136	137	0. 004098

续表

品项 i	品项 j	相关系数	品项 i	品项 j	相关系数	品项 i	品项 j	相关系数
10	182	0. 004098	49	148	0. 004098	136	170	0. 004098
10	185	0. 004098	49	165	0. 004098	137	170	0. 004098
12	31	0. 004098	52	53	0. 004098	138	177	0. 004098
13	77	0. 004098	52	113	0. 004098	139	152	0. 004098
14	84	0. 004098	52	126	0. 004098	139	163	0. 004098
14	128	0. 004098	52	127	0. 004098	139	167	0. 004098
14	174	0. 004098	52	147	0. 004098	140	151	0. 004098
15	43	0. 004098	53	72	0. 004098	144	157	0. 004098
15	49	0. 004098	53	147	0. 004098	145	176	0. 004098
17	60	0. 004098	54	95	0. 004098	147	178	0. 004098
18	82	0. 004098	54	173	0. 004098	147	187	0. 004098
18	95	0. 004098	55	113	0. 004098	148	165	0. 004098
19	57	0. 004098	55	134	0. 004098	149	167	0. 004098
19	76	0. 004098	56	72	0. 004098	149	185	0. 004098
19	150	0. 004098	56	127	0. 004098	150	179	0. 004098
19	179	0. 004098	57	76	0. 004098	152	163	0. 004098
20	49	0. 004098	57	150	0. 004098	152	167	0. 004098
20	77	0. 004098	57	179	0. 004098	161	188	0. 004098
20	137	0. 004098	57	182	0. 004098	163	167	0. 004098
20	170	0. 004098	58	80	0. 004098	167	173	0. 004098
21	74	0. 004098	58	118	0. 004098	167	185	0. 004098
22	29	0. 004098	62	186	0. 004098	170	171	0. 004098
22	48	0. 004098	62	189	0. 004098	172	178	0. 004098
22	90	0. 004098	63	97	0. 004098	180	184	0. 004098
22	119	0. 004098	64	115	0. 004098	186	189	0. 004098

……

五、储位优化策略品项货位分配表

表 8　　基于 K 均值聚类及 IHLV 的货位分配方案

列\层	巷道 1				巷道 2			
	F1	F2	F3	F4	F1	F2	F3	F4
	品项	品项	品项	品项	品项	品项	品项	品项
C1	47	149	8	108	48	10	91	131
C2	77	167	5	7	11	128	107	136
C3	49	95	135	118	94	4	54	3
C4	52	152	25	127	130	46	134	56
C5	58	32	151	173	147	97	38	88
C6	178	9	132	1	37	12	129	72
C7	33	31	22	98	34	20	137	14
C8	36	39	157	186	62	71	170	19
C9	171	57	113	13	79	2	139	30
C10	24	82	116	15	86	18	148	50
C11	105	16	63	40	100	29	168	51
C12	158	163	73	155	78	109	84	87
C13	44	185	99	27	104	55	90	120
C14	76	189	6	35	111	69	112	174
C15	92	21	23	45	179	89	156	43
C16	114	42	28	53	67	150	26	61
C17	145	75	80	59	101	187	66	64
C18	165	176	81	70	110	41	85	106
C19	166	17	121	83	122	93	115	117
C20	65	60	142	96	140	119	123	133
C21	68	74	144	102	141	146	125	154
C22	103	124	172	143	153	159	138	160
C23	126	162	175	161	164	177	169	
C24	181	182	180		184	183	188	

表9　基于K均值聚类及IFLV的货位分配方案

列\层	巷道1				巷道2			
	F1	F2	F3	F4	F1	F2	F3	F4
	品项	品项	品项	品项	品项	品项	品项	品项
C1	65	17	8	70	48	41	169	133
C2	47	149	5	53	11	10	188	117
C3	77	167	135	59	94	128	26	154
C4	49	95	25	108	130	4	66	131
C5	52	152	151	7	147	46	91	136
C6	58	32	132	118	37	97	107	3
C7	178	9	22	127	34	12	54	56
C8	33	31	157	173	62	20	134	88
C9	36	39	113	1	79	71	38	72
C10	171	57	116	98	86	2	129	14
C11	24	82	63	186	100	18	137	19
C12	105	16	73	13	78	29	170	30
C13	158	163	99	15	104	109	139	50
C14	44	185	6	40	111	55	148	51
C15	76	189	23	155	179	69	168	87
C16	92	21	28	27	67	89	84	120
C17	114	42	80	35	101	150	90	174
C18	145	75	81	45	110	187	112	43
C19	165	176	121	83	122	93	156	61
C20	166	60	142	96	140	119	85	64
C21	68	74	144	102	141	146	115	106
C22	103	124	172	143	153	159	123	160
C23	126	162	175	161	164	177	125	
C24	181	182	180		184	183	138	

表 10　基于多层次节约法聚类及 IHLV 的货位分配方案

列\层	巷道 1				巷道 2			
	F1	F2	F3	F4	F1	F2	F3	F4
	品项	品项	品项	品项	品项	品项	品项	品项
C1	47	149	8	107	48	167	77	10
C2	11	5	135	151	91	178	131	128
C3	94	25	147	52	95	32	58	134
C4	4	152	49	97	36	108	20	3
C5	54	136	132	9	38	171	37	118
C6	33	22	7	57	46	71	127	130
C7	31	39	1	129	12	18	185	100
C8	56	173	24	86	137	29	186	13
C9	82	62	30	158	170	72	19	104
C10	88	105	50	14	2	98	44	150
C11	157	116	51	42	16	148	63	156
C12	34	168	69	23	113	163	84	166
C13	79	21	76	43	139	15	120	189
C14	40	73	89	64	87	75	176	45
C15	55	111	99	68	114	78	27	66
C16	92	6	17	74	165	90	93	115
C17	112	182	65	83	174	155	101	123
C18	145	67	110	103	26	187	109	126
C19	28	81	121	117	35	96	124	141
C20	60	102	144	122	80	59	125	143
C21	61	106	164	142	146	85	133	162
C22	70	140	172	160	153	53	159	169
C23	154	161	175	180	177	119	188	
C24	179	41			184	138		
C25	181				183			

表 11　　基于多层次节约法聚类及IFLV的货位分配方案

列\层	巷道1				巷道2			
	F1	F2	F3	F4	F1	F2	F3	F4
	品项	品项	品项	品项	品项	品项	品项	品项
C1	70	41	17	117	26	53	133	169
C2	154	149	65	107	48	59	188	66
C3	47	5	8	151	91	167	77	10
C4	11	25	135	52	95	178	131	128
C5	94	152	147	97	36	32	58	134
C6	4	136	49	9	38	108	20	3
C7	54	22	132	57	46	171	37	118
C8	33	39	7	129	12	71	127	130
C9	31	173	1	86	137	18	185	100
C10	56	62	24	158	170	29	186	13
C11	82	105	30	14	2	72	19	104
C12	88	116	50	42	16	98	44	150
C13	157	21	51	23	113	148	63	156
C14	34	73	69	43	139	163	84	166
C15	79	111	76	64	87	15	120	189
C16	40	6	89	68	114	75	176	45
C17	55	67	99	74	165	78	27	115
C18	92	81	110	83	174	90	93	123
C19	112	102	121	103	35	155	101	126
C20	145	106	144	122	80	85	109	141
C21	28	140	164	142	146	96	124	143
C22	60	161	172	160	153	119	125	162
C23	61	168	175	180	177	138	159	183
C24	179	182		181	184	187		

六、储位优化策略品项货位分配表

表 12　　5 分钟时窗的订单分批方案

分批时间	批次编号	订单编号	品项号 1	品项号 2	品项号 3	品项号 4	品项号 5	品项号 6	品项号 7	品项号 8	品项号 9
300	1	1	70	0	0	0	0	0	0	0	0
300	1	2	188	0	0	0	0	0	0	0	0
300	1	3	21	0	0	0	0	0	0	0	0
300	1	4	53	0	0	0	0	0	0	0	0
300	1	5	167	129	0	0	0	0	0	0	0
300	1	6	188	0	0	0	0	0	0	0	0
300	1	7	66	0	0	0	0	0	0	0	0
300	1	8	173	47	0	0	0	0	0	0	0
300	1	9	70	0	0	0	0	0	0	0	0
300	1	10	49	0	0	0	0	0	0	0	0
600	2	11	133	0	0	0	0	0	0	0	0
600	2	12	177	138	83	0	0	0	0	0	0
600	2	13	41	0	0	0	0	0	0	0	0
600	2	14	74	21	10	0	0	0	0	0	0
600	2	15	53	0	0	0	0	0	0	0	0
600	2	16	48	0	0	0	0	0	0	0	0
600	2	17	117	0	0	0	0	0	0	0	0
600	2	18	11	0	0	0	0	0	0	0	0
600	2	19	91	0	0	0	0	0	0	0	0
600	2	20	17	0	0	0	0	0	0	0	0
900	2	21	178	147	97	36	0	0	0	0	0
900	2	22	70	0	0	0	0	0	0	0	0
900	2	23	3	0	0	0	0	0	0	0	0
900	2	24	188	0	0	0	0	0	0	0	0

续表

分批时间	批次编号	订单编号	品项号1	品项号2	品项号3	品项号4	品项号5	品项号6	品项号7	品项号8	品项号9
900	2	25	154	133	46	0	0	0	0	0	0
900	2	26	133	0	0	0	0	0	0	0	0
900	3	27	131	0	0	0	0	0	0	0	0
900	3	28	188	0	0	0	0	0	0	0	0
900	3	29	91	0	0	0	0	0	0	0	0
900	3	30	132	0	0	0	0	0	0	0	0
……											
……											
13200	37	444	17	0	0	0	0	0	0	0	0
13200	37	445	126	72	52	0	0	0	0	0	0
13200	37	446	133	0	0	0	0	0	0	0	0
13200	37	447	26	0	0	0	0	0	0	0	0
13200	37	448	178	131	130	0	0	0	0	0	0
13500	37	449	117	0	0	0	0	0	0	0	0
13500	37	450	118	80	58	1	0	0	0	0	0
13500	37	451	188	0	0	0	0	0	0	0	0
13500	37	452	70	0	0	0	0	0	0	0	0
13500	37	453	181	45	0	0	0	0	0	0	0
13500	38	454	41	0	0	0	0	0	0	0	0
13500	38	455	72	56	0	0	0	0	0	0	0
13500	38	456	174	128	84	14	0	0	0	0	0
13500	38	457	70	0	0	0	0	0	0	0	0
13500	38	458	142	0	0	0	0	0	0	0	0
13500	38	459	133	0	0	0	0	0	0	0	0
13500	38	460	16	0	0	0	0	0	0	0	0
13500	38	461	117	0	0	0	0	0	0	0	0
13500	38	462	103	95	0	0	0	0	0	0	0

续表

分批时间	批次编号	订单编号	品项号1	品项号2	品项号3	品项号4	品项号5	品项号6	品项号7	品项号8	品项号9
13800	38	463	12	0	0	0	0	0	0	0	0
13800	38	464	17	0	0	0	0	0	0	0	0
13800	38	465	65	0	0	0	0	0	0	0	0
13800	38	466	151	48	0	0	0	0	0	0	0
13800	38	467	41	0	0	0	0	0	0	0	0
13800	39	468	171	168	0	0	0	0	0	0	0
13800	39	469	59	0	0	0	0	0	0	0	0
13800	39	470	128	0	0	0	0	0	0	0	0
13800	39	471	26	0	0	0	0	0	0	0	0
13800	39	472	91	0	0	0	0	0	0	0	0
13800	39	473	171	0	0	0	0	0	0	0	0
14100	39	474	70	0	0	0	0	0	0	0	0
14100	39	475	47	0	0	0	0	0	0	0	0
14100	39	476	117	0	0	0	0	0	0	0	0
14100	39	477	113	0	0	0	0	0	0	0	0
14100	39	478	154	0	0	0	0	0	0	0	0
14100	39	479	125	0	0	0	0	0	0	0	0
14100	39	480	107	0	0	0	0	0	0	0	0
14100	40	481	131	0	0	0	0	0	0	0	0
14400	40	482	26	0	0	0	0	0	0	0	0
14400	40	483	41	0	0	0	0	0	0	0	0

表 13　　带约束的 5 分钟时窗分批方案

分批时间	时间	批次号	订单号	品项号1	品项号2	品项号3	品项号4	品项号5	品项号6	品项号7	品项号8	品项号9
300	0	1	1	70	0	0	0	0	0	0	0	0
300	37	1	2	188	0	0	0	0	0	0	0	0

续表

分批时间	时间	批次号	订单号	品项号1	品项号2	品项号3	品项号4	品项号5	品项号6	品项号7	品项号8	品项号9
300	76	1	3	21	0	0	0	0	0	0	0	0
300	111	1	4	53	0	0	0	0	0	0	0	0
300	112	1	5	167	129	0	0	0	0	0	0	0
300	145	1	6	0	0	0	0	0	0	0	0	0
300	168	1	7	66	0	0	0	0	0	0	0	0
300	203	1	8	173	47	0	0	0	0	0	0	0
300	265	1	9	0	0	0	0	0	0	0	0	0
300	289	1	10	49	0	0	0	0	0	0	0	0
600	320	2	11	133	0	0	0	0	0	0	0	0
600	351	2	12	177	138	83	0	0	0	0	0	0
600	411	2	13	41	0	0	0	0	0	0	0	0
600	417	2	14	74	21	10	0	0	0	0	0	0
600	431	2	15	53	0	0	0	0	0	0	0	0
600	475	2	16	48	0	0	0	0	0	0	0	0
……												
……												
5068	4817	17	164	133	0	0	0	0	0	0	0	0
5068	4839	17	165	5	0	0	0	0	0	0	0	0
5068	4869	17	166	26	0	0	0	0	0	0	0	0
5068	4878	17	167	107	93	0	0	0	0	0	0	0
5068	4929	17	168	70	0	0	0	0	0	0	0	0
5068	4947	17	169	48	0	0	0	0	0	0	0	0
5068	4950	17	170	17	0	0	0	0	0	0	0	0
5068	4986	17	171	71	0	0	0	0	0	0	0	0
5068	4992	17	172	188	0	0	0	0	0	0	0	0
5068	5013	17	173	97	63	46	25	0	0	0	0	0
5068	5068	17	174	41	0	0	0	0	0	0	0	0

续表

分批时间	时间	批次号	订单号	品项号1	品项号2	品项号3	品项号4	品项号5	品项号6	品项号7	品项号8	品项号9
5368	5072	18	175	48	8	0	0	0	0	0	0	0
5368	5109	18	176	53	0	0	0	0	0	0	0	0
5368	5154	18	177	60	17	10	0	0	0	0	0	0
5368	5189	18	178	151	130	0	0	0	0	0	0	0
5368	5245	18	179	70	0	0	0	0	0	0	0	0
5368	5259	18	180	151	140	130	0	0	0	0	0	0
……												
……												
13909	13727	49	469	59	0	0	0	0	0	0	0	0
13909	13730	49	470	128	0	0	0	0	0	0	0	0
13909	13751	49	471	26	0	0	0	0	0	0	0	0
13909	13781	49	472	91	0	0	0	0	0	0	0	0
13909	13793	49	473	0	0	0	0	0	0	0	0	0
13909	13806	49	474	70	0	0	0	0	0	0	0	0
13909	13810	49	475	47	0	0	0	0	0	0	0	0
13909	13856	49	476	117	0	0	0	0	0	0	0	0
13909	13904	49	477	113	0	0	0	0	0	0	0	0
14120	13939	50	478	154	0	0	0	0	0	0	0	0
14120	13991	50	479	125	0	0	0	0	0	0	0	0
14120	14013	50	480	107	0	0	0	0	0	0	0	0
14120	14061	50	481	131	0	0	0	0	0	0	0	0
14120	14103	50	482	26	0	0	0	0	0	0	0	0
14120	14120	50	483	41	0	0	0	0	0	0	0	0

参考文献

[1] 李佩 . B2C 电子商务物流配送服务对客户满意度的影响研究 [D]. 辽宁大学, 2015.

[2] 马顺顺 . B2C 电商企业物流模式评价与选择研究 [D]. 上海工程技术大学, 2015.

[3] 孙丽洁. 电子商务环境下物流模式选择研究 [D]. 首都经济贸易大学, 2015.

[4] 孙静. 当当网物流服务质量评价研究 [D]. 河北科技大学, 2015.

[5] 常立军. 电商物流模式研究 [J]. 现代工业经济和信息化, 2014 (12): 37 – 38.

[6] 崔芸. 我国电子商务物流配送模式创新路径研究 [J]. 商业经济研究, 2016 (21): 136 – 138.

[7] 陈彦婷 . B2C 电子商务物流配送模式研究 [J]. 商业流通, 2016 (32): 12 – 13.

[8] 孙欣妍. 浅析我国电商物流发展 [J]. 物流交通, 2016 (27): 257 – 258.

[9] 张瑶. 我国 B2C 电子商务自建物流分析与探究 [D]. 浙江工业大学, 2015.

[10] 姜华. 苏宁易购的物流模式选择及其优化 [D]. 南京农业大学, 2014.

[11] 邢妍菁 . 分析唯品会两大优势买手团队和仓储物流 [J]. 热点演义, 2014 (19): 12 – 15.

[12] 刘喆. 淘宝网物流配送模式分析 [J]. 商业研究, 2016 (29): 48 – 49.

[13] 许逸. 以用户体验为基础的国内 B2C 电子商务网站物流配送研究 [D]. 东南师范大学, 2010.

[14] 潘广锋，徐静．层次分析法在企业物流模式选择中的应用 [J]. 山东交通学院学报，2005，13 (4)：36 -39.

[15] 郭莉．大物流提速 [J]. 投资北京，2010 (9)：42 -44.

[16] 邓爱民，蔡佳，毛浪．基于时间的自动化立体仓库货位优化模型研究 [J]. 中国管理科学，2013，21 (6)：107 -112.

[17] 丁健．基于排队网络队列模糊控制的自动小车立体仓库出入库任务的分配方法 [J]. 工业控制计算机，2014，27 (7)：41 -44.

[18] 王庆，闫丽军．电子商务环境下物流配送路径优化研究 [J]. 天津商业大学学报，2010，30 (3)：27 -30.

[19] 蒋增强，左乐．低碳策略下的多目标柔性作业车间调度 [J]. 计算机集成制造系统，2015，21 (4)：1023 -1031.

[20] 郦桂芬．环境质量评价 [M]. 北京：中国环境科学出版社，1989：61 -70.

[21] 张哲．电子商务企业物流绩效评价体系设计 [J]. 物流科技，2009 (10)：71 -72.

[22] 叶汝骇．我国 B2C 企业的物流配送模式 [J]. 杭州科技，2001 (3)：15 -18.

[23] 杜丹清，俞若希．企业电子商务物流模式选择方法研究 [J]. 江苏商论，2010 (11)：50 -53.

[24] 张丽，李程．B2C 电商企业物流模式的决策分析 [J]. 物流技术，2013 (8)：123 -125.

[25] 陈洁．B2C 电商企业物流模式的选择 [J]. 商场现代化，2013 (1)：119 -120.

[26] 李欣，关志民，高俊俊．电子商务环境下企业物流配送模式选择 [J]，国际技术贸易市场，2003 (3)：133 -136.

[27] 傅为忠，陈浩，高品等．电子商务物流配送体系考核指标的建立与应用 [J]. 合肥工业大学（自然版）2006 (3)：349 -353.

[28] 李佳．浅议第三方物流对 B2C 发展的作用 [J]. 华章，2013 (4)：49 -50.

[29] 张珺．电子商务环境下并行分区拣选系统的订单合并优化研究 [D]. 大连理工大学，2014.

[30] 魏伟．配送中心订单分批拣选并行优化研究 [D]. 西安建筑科技大学，2014.

[31] 马廷伟．物流中心订单分拣策略的研究［D］．北京邮电大学，2015.

[32] 曹雪丽．配送中心订单分批处理随机服务系统模型与优化研究［D］．北京物资学院，2012.

[33] 陈方宇．多区块仓库环境下订单拣选路线规划研究［D］．华中科技大学，2014.

[34] 李哲．物流中心拣选单处理及拣选路径优化研究［D］．大连海事大学，2011.

[35] 吴颖颖．分区自动拣选系统拣选策略优化研究［D］．山东大学，2012.

[36] 贾智，冯爱兰．配送中心人工订单拣选路径优化与决策研究综述［J］．物流技术，2014（10）：30－32.

[37] 周丽，朱杰，郭键．分类存储返回型与S型拣选路径随机模型的比较研究［J］．系统科学与数学，2011，31（8）：921－931.

[38] 刘云峰，孙洪华．联合订单分批与拣选路径优化研究［J］．高教学刊，2015（20）：254－255.

[39] 韩玉芳．配送中心订单分批问题研究［D］．山东大学，2015.

[40] 王继强．基于LINGO的旅行商问题的建模方法［J］．计算机工程与科学，2014，36（5）：947－950.

[41] 欧阳俊．我国B2C电子商务企业物流配送问题研究［D］．重庆交通大学，2012.

[42] 王文蕊．电子商务配送中心的设计与优化策略研究［D］．山东大学，2014.

[43] 徐逸．以用户体验为基础的国内B2C电子商务网站物流配送研究［D］．华东师范大学，2010.

[44] 高红冰．未来电商物流的5大趋势：电商仓储列为重点［J］．阿里研究院，2016（3）.

[45] 王迪宁．我国B2C电子商务物流发展问题及对策［D］．对外经济贸易大学，2014.

[46] 朱求文．我国B2C电子商务物流模式研究［D］．苏州大学，2013.

[47] 朱其慧．我国大型B2C电子商务企业的物流模式研究［D］．江西财经大学，2015.

[48] 王剑文，戴光明，谢柏桥，张全元．求解 TSP 问题算法综述 [J]．计算机工程与科学，2008，158 (2)：72 - 74 + 155.

[49] 沈长鹏．配送中心拣货系统优化 [D]．济南：山东大学，2011.

[50] 吕龚栋．物流中心拣选系统解决方案综述 [J]．物流技术与应用，2007，12 (4)：61 - 66.

[51] 饶卫振，金淳，黄英艺．求解 TSP 问题的最近邻域与插入混合算法 [J]．系统工程理论与实践，2011，31 (8)：1419 - 1428.

[52] 唐卫华，胡宗武．自动存取系统及其仿真分析 [J]．工业工程与管理，2000 (3)：31 - 33 + 36.

[53] 陈夺，万福才，张晓明，吴永强．自动化立体仓库堆垛机拣选路径优化策略 [J]．数字技术与应用，2011 (10)：115 - 116.

[54] 沈长鹏．订单结构与拣选系统的适配问题研究 [D]．山东大学，2011.

[55] 俞雷霖，叶卫东，陆志强，夏军权，奚立峰．基于混合禁忌搜索算法的自动化立体仓库的货位分配与优化研究 [J]．制造业自动化，2008，30 (12)：33 - 36.

[56] 陈璐，陆志强．自动化立体仓库中的储位分配及存取路径优化 [J]．管理工程学报，2012，26 (1)：42 - 47.

[57] 李小笠，刘桂芝，杨文亮．基于嵌套分区算法的立体仓库货位分配优化 [J]．计算机工程与应用，2014，50 (2)：242 - 246.

[58] 邹霞，吴耀华，李毅超，陈云霞．随机订单驱动的集中式和分散式 AS/RS 建模及仿真 [J]．计算机集成制造系统，2017，23 (12)：2778 - 2786.

[59] 杨玮，王婷，王洁慈，王晓雅，刘江，陈久林．多载具式自动化立体仓库货位分配建模与仿真 [J]．科学技术与工程，2018，18 (13)：117 - 124.

[60] 李朋举．基于主题地图的物流设备自动化选型系统研究 [D]．北京：北京物资学院，2006.

[61] 成耀荣，刘丰根，梁波．物流园区物流设备选型及数量优化 [J]．武汉理工大学学报（交通科学与工程版），2011，35 (2)：38 - 41.

[62] 亚马逊启用机器人处理订单 [J]．机器人技术与应用，2015 (1)：8.

[63] 柳赛男，柯映林，李江雄，吕震．基于调度策略的自动化仓库

系统优化问题研究［J］. 计算机集成制造系统，2006（9）：1438－1443.

［64］邹晖华，胡吉全，杨艳芳. 自动化立体仓库货位分配策略优化研究［J］. 湖北工业大学学报，2008（3）：43－45.

［65］丁连红，时鹏，刘丙午. 仓储中心拣选作业研究综述［J］. 物流技术，2008，27（8）：15－19.

［66］蔡安江，应嘉奇，王坚，王雪. 分散式立体仓库堆垛机调度模型［J］. 计算机集成制造系统，2016，22（3）：793－799.

［67］付晓锋，张波，俞汉生. 多模式自动化存取系统设备调度与任务分配［J］. 计算机系统应用，2016，25（6）：33－39.

［68］唐献全. 巷道堆垛机自动存取通用托盘的研究［J］. 机床与液压，2018，46（3）：72－74.

［69］秦峰华. 卷烟自动分拣机的性能优化与实现［D］. 山东大学，2007.

［70］肖际伟，吴耀华，娄山佐，孙国华. 复合式卷烟分拣系统分拣机组合优化［J］. 系统工程理论与实践，2010，30（2）：251－256.

［71］沈敏德，陈照强，范维华，陶秀义. 带缓存的条烟并行分拣系统开发研究［J］. 物流技术，2009，28（2）：140－141.

［72］孙壮志，张雨佳. 订单结构对卷烟自动分拣线分拣效率的影响［J］. 计算机应用，2010，30（S1）：315－316＋336.

［73］吴颖颖，吴耀华，沈长鹏. 基于顺序拣选策略的压缩动态虚拟视窗算法［J］. 山东大学学报（工学版），2012，42（1）：66－71.

［74］吴长庆，何善君，罗键. 自动小车存取系统中轨道导引小车环路死锁控制的研究［J］. 计算机集成制造系统，2008，125（9）：1766－1773.

［75］吴长庆，罗键，陈火国，庄进发，彭彦卿. 基于Petri网的Rgvs系统中环路死锁研究［J］. 计算机科学，2009，36（4）：250－253＋260.

［76］罗键，钟寿桂，吴长庆. 基于离散粒子群算法的AVS/RS货位优化［J］. 厦门大学学报（自然科学版），2009，48（2）：212－215.

［77］罗键，程勇，吴长庆. 基于着色赋时Petri网的堆垛机建模与调度研究［J］. 计算机工程与应用，2009，45（1）：207－210.

［78］罗键，苏海墩，何善君，吴长庆. 基于改进遗传算法的自动小车存取系统升降机调度建模与优化控制［J］. 厦门大学学报（自然科学版），2010，49（3）：328－332.

[79] 罗键，吴长庆，李波，尹华一，张倩．基于改进量子微粒群的轨道导引小车系统建模与优化 [J]. 计算机集成制造系统，2011，17 (2)：321－328.

[80] 付延冰．基于随机需求的配送中心设备配置与库存控制问题研究 [D]. 中南大学，2010.

[81] 周晓光，张喜妹，刘玉坤．一种基于移动机器人的配送中心柔性拣选系统 [J]. 物流技术，2015，34 (7)：238－240.

[82] 王艳艳，吴耀华，刘鹏．自动分拣系统分拣作业任务优化 [J]. 机械工程学报，2011，47 (20)：10－17.

[83] 黄锥良，陈剑雄．基于电子标签的订单分区拣选系统设计与实现 [J]. 电子技术应用，2016，42 (10)：85－88＋91.

[84] 吴颖颖，吴耀华，王艳艳．随机订单拣选系统建模及仿真分析 [J]. 系统仿真学报，2011，23 (1)：162－166.

[85] 吴梅，方彦军．自动小车存取系统三维仿真平台研究 [J]. 自动化与仪表，2015，30 (8)：1－4.

[86] 孙海龙，任楠．自动小车存取系统的调度优化 [J]. 制造业自动化，2018，40 (2)：26－32.

[87] 赵宁，罗磊，张赛朋，赵梓程．巡回式自动小车存取系统正交仿真分析 [J]. 计算机集成制造系统，2016，22 (3)：754－763.

[88] 张贻弓，吴耀华．可合流的自动分拣系统订单排序优化 [J]. 山东大学学报（工学版)，2008，38 (5)：67－71.

[89] 王艳艳，吴耀华，吴颖颖．并行自动拣选系统品项拣选量拆分优化 [J]. 机械工程学报，2013，49 (16)：177－184.

[90] 雷斌，蒋兆远，马殷元．配送中心分区同步拣货系统人员分配策略研究 [J]. 计算机工程与应用，2014，50 (24)：4－9＋41.

[91] 卢子甲，韩义民，张少卿．基于遗传算法的配送中心订单拣选路径优化案例研究 [J]. 物流技术，2013，32 (17)：228－230.

[92] 张海军，张博，岳溥庥，郭风．基于混合遗传算法的多巷道间移动拣选优化 [J]. 计算机工程与应用，2014，50 (16)：243－249.

[93] 方彦军，唐猛．自动小车存取系统复合作业三维空间路径优化 [J]. 计算机集成制造系统，2015，21 (3)：702－708.

[94] 张富强，李晶晶，惠记庄，朱斌，丁凯．仓储产品服务系统的动态货位分配策略分析 [J]. 计算机集成制造系统，2018，24 (5)：

1310-1316.

[95] 张贵军，姚俊，周晓根，王文. 基于精英多策略的货位分配优化方法 [J]. 计算机科学，2018，45 (1)：273-279.

[96] 李晓春，钟雪灵，王雄志，王国庆. 配送中心动态分区拣货系统优化设计 [J]. 华南师范大学学报（自然科学版），2011，133 (3)：54-60.

[97] 李晓春，钟雪灵，王雄志，王国庆. 并行分区拣货系统储位优化设计 [J]. 计算机工程与应用，2013，49 (19)：20-24.

[98] 张贻弓，吴耀华. 基于并行拣选策略的自动拣选系统品项分配 [J]. 计算机集成制造系统，2010，16 (8)：1720-1725.

[99] 李明，吴耀华，张健，陈宁宁. 基于品项相关性的阵列式自动拣选机货位优化 [J]. 计算机集成制造系统，2015，21 (7)：1896-1905.

[100] 李明，吴耀华，陈宁宁，张健. 串行合流下阵列式自动拣选系统品项分配优化 [J]. 计算机集成制造系统，2016，22 (9)：2127-2134.

[101] 李明，吴耀华，吴颖颖，陈宁宁. 人工与自动化双分拣区系统品项分配优化 [J]. 机械工程学报，2015，51 (10)：197-204.

[102] 吴颖颖，吴耀华. 基于并行拣选的自动拣选系统订单拆分优化 [J]. 计算机集成制造系统 [J]，2012，18 (10)：2264-2272.

[103] 吴颖颖，吴耀华. 基于并行拣选的自动拣选系统品项拆分优化 [J]. 计算机集成制造系统 [J]，2012，18 (4)：821-826.

[104] 蒋淑华. EIQ法在并行分区储位优化中的应用 [J]. 物流技术，2010，29 (7)：71-72+88.

[105] 张智勇，张新辉，刘杰. 基于Apriori算法的关联规则挖掘在配送中心储位规划中的应用 [J]. 物流工程与管理，2012，34 (4)：56-59.

[106] 张晓兰，蒋丽娜，于洪涛. 基于遗传算法的立体仓库货位动态分配优化 [J]. 哈尔滨商业大学学报（自然科学版），2012，28 (1)：66-67+87.

[107] 王成林，薛立立，王琦. 基于区域关联度的储位规划方法研究 [J]. 物流工程与管理，2013，35 (6)：61-64.

[108] 李斌，黄锥良. 物流需求变化下自动化立库储位分配策略分析 [J]. 福建工程学院学报，2014，12 (6)：581-585.

[109] 穆聪聪，郭敏. 基于产品频度与偏离度的货位分配策略研究 [J]. 物流科技，2015，38 (6)：107-112.

[110] 白旭，靳志军. K-中心点聚类算法优化模型的仿真研究 [J]. 计算机仿真，2011，28 (1)：218-221.

[111] 郭晓娟，刘晓霞，李晓玲. 层次聚类算法的改进及分析 [J]. 计算机应用与软件，2008，25 (6)：243-244+268.

[112] 胡晓庆，马儒宁，钟宝江. 层次聚类算法的有效性研究 [J]. 山东大学学报（工学版），2010，40 (5)：146-149+153.

[113] 李刘强，桂小林，安健，孙雨. 采用模糊层次聚类的社会网络重叠社区检测算法 [J]. 西安交通大学学报，2015 (2)：6-13.

[114] 张建朋，陈福才，李邵梅，刘力雄. 基于密度与近邻传播的数据流聚类算法 [J]. 自动化学报，2014，40 (2)：277-288.

[115] 陆亿红，夏聪. 不确定数据的最优 K 近邻和局部密度聚类算法 [J]. 控制与决策，2016，31 (3)：541-546.

[116] 戴阳阳，李朝锋，徐华. 初始点优化与参数自适应的密度聚类算法 [J]. 计算机工程，2016，42 (1)：203-209.

[117] 邢长征，张园. 基于密度与网格的聚类算法的改进 [J]. 计算机工程与应用，2016，52 (22)：81-85.

[118] 刘建军，周廷英. 一种基于局部密度的网格排序聚类算法 [J]. 计算机应用研究，2016，33 (11)：3279-3283+3288.

[119] 徐明钊，杨春，范健，张健，张耐民. 一种基于网格的等密度线聚类算法 [J]. 兵器装备工程学报，2017，38 (2)：88-91.

[120] 王媛媛，李翔. 基于人口统计学的改进聚类模型协同过滤算法 [J]. 计算机科学，2017，44 (3)：63-69.

[121] 李诗珍，杜文宏. 基于聚类分析的订单分批拣货模型及启发式算法 [J]. 统计与决策，2008 (264)：53-56.

[122] 郑永前，郭延陀，力立安. 基于模糊核聚类的大规模订单生产重调度方法 [J]. 工业工程与管理，2013，18 (2)：1-5+23.

[123] 沈长鹏，陈晨，吴耀华. 基于订单网格化聚类方法的轮胎储分一体库运行优化 [J]. 物流技术，2011，30 (21)：58-60.

[124] 沈长鹏，邹霞，吴耀华. 基于订单网格化聚类方法的医药自动拣选系统与电子标签拣选系统的比较研究 [J]. 物流科技，2011，34 (12)：100-105.

[125] 卢少平，张贻弓，吴耀华，吴颖颖. 自动分拣系统并行分区拣选优化策略 [J]. 深圳大学学报（理工版），2010，27 (1)：120-126.

[126] 赵改平，刘丽兰，王森，杨英杰．运用聚类算法的订单归并模型研究 [J]．现代制造工程，2011 (12)：52-56+68.

[127] 吴天行，郭键．基于图论的聚类算法在订单分批问题中的应用 [J]．物流技术，2017，36 (8)：112-116.

[128] 徐宣国，梁中梅，韩文民．大批量定制下的客户订单聚类分析 [J]．中国机械工程，2012，23 (14)：1678-1681.

[129] 周东君，王正肖，张卫，叶建芳，吴鹏程，潘晓弘．基于携因素语义距离的定制西服订单聚类方法 [J]．计算机集成制造系统，2015，21 (1)：57-66.

[130] 张贻弓，吴耀华．可合流的自动分拣系统订单排序优化 [J]．山东大学学报（工学版），2008，171 (5)：67-71.

[131] 邵刘霞，郭键，曹雪丽．基于遗传算法的人工订单拣选路径优化研究 [J]．物流技术，2012，31 (21)：253-257.

[132] 王宏，符卓，左武．基于遗传算法的双区型仓库拣货路径优化研究 [J]．计算机工程与应用，2009，45 (6)：224-228.

[133] 彭张林，张强，杨善林．综合评价理论与方法研究综述 [J]．中国管理科学，2015，23 (S1)：245-256.

[134] 汪赋．系统工程在配送中心物流系统的应用研究 [D]．厦门大学，2006.

[135] 于书敏，白素良，徐慧，刘广义，隋雨纯．物流企业仓储管理评价效应模型 [J]．通化师范学院学报，2011，32 (6)：4-6.

[136] 项丽．企业物流外包风险评价和控制——基于AHP-模糊综合评价方法的视角 [J]．企业经济，2013，32 (4)：72-75.

[137] 梁启荣，李勇，傅培华，尚伟．智慧仓储系统评测标准研究 [J]．物流技术，2014，33 (5)：176-178+184.

[138] 杨志伟．基于熵值法的物流公司仓储绩效评价 [J]．物流技术，2011，30 (5)：89-90.

[139] 黎青松，潘恒，梁涛，杨伟．电动移动式货架作业效率仿真分析 [J]．西华大学学报（自然科学版），2013 (1)：97-100+104.

[140] LI Qingsong, PAN Heng, LIANG Tao, YANG Wei. Efficiency Simulation for Electronic Mobile Rack [J]. Journal of Xihua University. Natural Science, 2013 (1): 97-100+104. (in Chinese)

[141] Efraim Turban, David King, Judy Lang. Introduction to E-com-

merce [M]. 北京：中国人民大学出版社，2010.

[142] MIKI F. Analytical Foundations for Autonomous Vehicle Storage and Retrieval Systems Using Load Transfer Station Based Dwell Point Strategies [D]. New York: Rensselaer Polytechnic Institute Phd Thesis, 2005.

[143] Gharehgozli A H, Yu Y, De Koster R. An Exact Method for Scheduling a Yard Crane [J]. European Journal of Operational Research, 2014, 235 (2): 431 -447.

[144] Boysen N, Stephan K. A Survey on Single Crane Scheduling in Automated Storage/Retrieval Systems [J]. European Journal of Operational Research, 2016, 254 (3): 691 -704.

[145] Yang P, Miao L, Xue Z, et al. Variable Neighborhood Search Heuristic for Storage Location Assignment and Storage/Retrieval Scheduling under Shared Storage in Multi-shuttle Automated Storage/Retrieval Systems [J]. Transportation Research Part E: Logistics and Transportation Review, 2015 (79): 164 -177.

[146] Wauters T, Villa F, Christiaens J, et al. A Decomposition Approach to Dual Shuttle Automated Storage and Retrieval Systems [J]. Computers & Industrial Engineering, 2016 (101): 325 -337.

[147] Salah B, Janeh O, Noche B, et al. Design and Simulation Based Validation of the Control Architecture of a Stacker Crane Based on an Innovative Wire-driven Robot [J]. Robotics and Computer - Integrated Manufacturing, 2017 (44): 117 -128.

[148] Lau H Y K, Zhao Y. Joint Scheduling of Material Handling Equipment in Automated Air Cargo Terminals [J]. Computers in Industry, 2006, 57 (5): 398 -411.

[149] Vis I F A, A Comparative Analysis of Storage and Retrieval Equipment at a Container Terminal [J]. International Journal of Production Economics, 2006, 103 (2): 680 -693.

[150] Fonseca D J, Uppal G, Greene T J. A Knowledge-based System for Conveyor Equipment Selection [J]. Expert Systems with Applications, 2004, 26 (4): 615 -623.

[151] WU Y H, ZHANG Y G, WU Y Y. Compressible Virtual Window Algorithm in Picking Process Control of Automated Sorting System [J]. Chinese

Journal of Mechanical Engineering – English Edition, 2008, 21 (3): 41 –45.

[152] Hou J L, Wu N, Wu Y J. A Job Assignment Model for Conveyor-aided Picking System [J]. Computers & Industrial Engineering, 2009, 56 (4): 1254 –1264.

[153] Hachemi K, Sari Z, Ghouali N. A Step-by-step Dual Cycle Sequencing Method for Unit-load Automated Storage and Retrieval Systems [J]. Computers & Industrial Engineering, 2012, 63 (4): 980 –984.

[154] Hu Y H, Huang S Y, Chen C, et al. Travel Time Analysis of a New Automated Storage and Retrieval System [J]. Computers & Operations Research, 2005, 32 (6): 1515 –1544.

[155] Cinar D, Oliveira J A, Topcu Y I, et al. Scheduling the Truckload Operations in Automated Warehouses with Alternative Aisles for Pallets [J]. Applied Soft Computing, 2017 (52): 566 –574.

[156] Poon T C, Choy K L, Chow K H K, et al. A RFID Case-based Logistics Resource Management System for Managing Order-picking Operations in Warehouses [J]. Expert Systems with Applications, 2009, 36 (4): 8277 –8301.

[157] Choy K L, Ho G T S, Lee C K H. A RFID – based Storage Assignment System for Enhancing the Efficiency of Order Picking [J]. Journal of Intelligent Manufacturing, 2014 (28): 1 –19.

[158] Fan T J, Chang X Y, Gu C H. Benefits of RFID Technology for Reducing Inventory Shrinkage [J]. International Journal of Production Economics, 2014 (147): 659 –665.

[159] Potrč I, Lerher T, Kramberger J, et al. Simulation Model of Multi-shuttle Automated Storage and Retrieval Systems [J]. Journal of Materials Processing Technology, 2004, 157 (4): 236 –244.

[160] Zhao N, Luo L, Zhang S. An Efficient Simulation Model for Rack Design in Multi-elevator Shuttle-based Storage and Retrieval System [J]. Simulation Modelling Practice and Theory, 2016 (67): 100 –116.

[161] Malmborg C J. Conceptualizing Tools for Autonomous Vehicle Storage and Retrieval Systems [J]. International Journal of Production Research, 2002, 40 (8): 1807 –1822.

[162] Hwang H, Moon S, Gen M. An Integrated Model for the Design of

End-of-aisle Order Picking System and the Determination of Unit Load Sizes of AGVs [J]. Computers & Industrial Engineering, 2002, 42 (2): 249 -258.

[163] Malmborg C J. Design Optimization Models for Storage and Retrieval Systems Using Rail Guided Vehicles [J]. Applied Mathematical Modelling, 2003, 27 (12): 929 -941.

[164] Malmborg C J. Interleaving Dynamics in Autonomous Vehicle Storage and Retrieval Systems [J]. International Journal of Production Research, 2003, 41 (5): 1057 -1069.

[165] Ekren B Y, Heragu S S, Krishnamurthy A, et al. Simulation Based Experimental Design to Identify Factors Affecting Performance of AVS/RS [J]. Computers & Industrial Engineering, 2010, 58 (1): 175 -185.

[166] Zhang L, Krishnamurthy A, Malmborg C J, et al. Performance Modelling of Autonomous Vehicle Storage and Retrieval Systems with Generally Distributed Service Times [J]. European Journal of Industrial Engineering, 2011, 5 (4): 448 -470.

[167] Heragu S S, Cai X, Krishnamurthy A, et al. Analytical Models for Analysis of Automated Warehouse Material Handling Systems [J]. International Journal of Production Research, 2011, 49 (22): 6833 -6861.

[168] Ekren B Y, Heragu S S, Krishnamurthy A, et al. Matrix-geometric Solution for Semi-open Queuing Network Model of Autonomous Vehicle Storage and Retrieval System [J]. Computers & Industrial Engineering, 2014 (68): 78 -86.

[169] Roy D, Krishnamurthy A, Heragu S S, et al. Stochastic Models for Unit-load Operations in Warehouse Systems with Autonomous Vehicles [J]. Annals of Operations Research, 2015, 231 (1): 129 -155.

[170] Roy D, Krishnamurthy A, Heragu S S, et al. Performance Analysis and Design Tradeoffs in Warehouses with Autonomous Vehicle Technology [J]. IIE Transactions, 2012, 44 (12): 1045 -1060.

[171] Roy D, Krishnamurthy A, Heragu S S, et al. Queuing Models to Analyze Dwell-point and Cross-aisle Location in Autonomous Vehicle-based Warehouse Systems [J]. European Journal of Operational Research, 2015, 242 (1): 72 -87.

[172] Roy D, Krishnamurthy A, Heragu S S, et al. Blocking Effects in

Warehouse Systems with Autonomous Vehicles [J]. EEE Transactions on Automation Science and Engineering, 2014, 11 (2): 439 - 451.

[173] Roy D, Krishnamurthy A, Heragu S S, et al. A Simulation Framework for Studying Blocking Effects in Warehouse Systems with Autonomous Vehiles [J]. European J of Industrial Engineering, 2016, 10 (1): 51 - 80.

[174] Roy D, Krishnamurthy A, Heragu S S, et al. A Multi-tier Linking Approach to Analyze Performance of Autonomous Vehicle-based Storage and Retrieval Systems [J]. Computers & Operations Research, 2017 (83): 173 - 188.

[175] Meller R D, Mungwattana A. AS/RS Dwell-point Strategy Selection at High System Utilization: A Simulation Study to Investigate the Magnitude of the Benefit [J]. International Journal of Production Research, 2005, 43 (24): 5217 - 5227.

[176] Zhang L, Krishnamurthy A, Malmborg C J, et al. Variance-based Approximations of Transaction Waiting Times in Autonomous Vehicle Storage and Retrieval Systems [J]. European Journal of Industrial Engineering, 2009, 3 (2): 146 - 169.

[177] Fukunari M., Malmborg C. J. An Efficient Cycle Time Model for Autonomous Vehicle Storage and Retrieval Systems [J]. International Journal of Production Research, 2008, 46 (12): 3167 - 3184.

[178] Tsai C. Y., Liou J. J. H., Huang T. M. Using a Multiple - GA Method to Solve the Batch Picking Problem: Considering Travel Distance and Order Due Time [J]. International Journal of Production Research, 2008, 46 (22): 6533 - 6555.

[179] Ho Y. C., Tseng Y. Y. A Study on Order-batching Methods of Order-picking in a Distribution Centre with Two Cross-aisles [J]. International Journal of Production Research, 2006, 44 (17): 3391 - 3417.

[180] Xu X., Shen G., Yu Y., et al. Travel Time Analysis for the Double-deep Dual-shuttle AS/RS [J]. International Journal of Production Research, 2015, 53 (3): 757 - 773.

[181] Ghomri L., Sari Z. Mathematical Modeling of the Average Retrieval Time for Flow-rack Automated Storage and Retrieval Systems [J]. Journal of Manufacturing Systems, 2017 (44): 165 - 178.

[182] Metahri D., Hachemi K. Retrieval-travel-time Model for Free-fall-

flow-rack Automated Storage and Retrieval System [J]. Journal of Industrial Engineering International, 2018: 1 – 14.

[183] Kouloughli I., Castagna P., Sari Z. Reducing Retrieval Time in Automated Storage and Retrieval System with Gravitational Conveyor Based on Multi – Agent Systems [J]. Journal of Applied & Computational Mechanics, 2018, 2 (2016).

[184] Wutthisirisart P., Noble J. S., Chang C. A. A Two-phased Heuristic for Relation-based Item Location [J]. Computers & Industrial Engineering, 2015 (82): 94 – 102.

[185] Bortolini M., Faccio M., Ferrari E., et al. Time and Energy Optimal Unit-load Assignment for Automatic S/R Warehouses [J]. International Journal of Production Economics, 2017 (190): 133 – 145.

[186] Hausman W. H., Schwarz L. B., Graves S. C. Optimal Storage Assignment in Automatic Warehousing Systems [J]. Management Science, 1976, 22 (6): 629 – 638.

[187] Rosenblatt M. J., Eynan A. Deriving the Optimal Boundaries for Class-based Automatic Storage/Retrieval Systems [J]. Management Science, 1989, 35 (12): 1519 – 1524.

[188] De Koster R. Performance Approximation of Pick-to-belt Orderpicking Systems [J]. European Journal of Operational Research, 1994, 72 (3): 558 – 573.

[189] Jane C. Storage Location Assignment in a Distribution Center [J]. International Journal of Physical Distribution & Logistics Management, 2000, 30 (1): 55 – 71.

[190] Park B C, Foley R. D., White J. A., et al. Dual Command Travel Times and Miniload System Throughput with Turnover-based Storage [J]. IIE Transactions, 2003, 35 (4): 343 – 355.

[191] Parikh P. J., Meller R. D. A Travel-time Model for a Person-onboard Order Picking System [J]. European Journal of Operational Research, 2010, 200 (2): 385 – 394.

[192] Petersen C., Aase G. R., Heiser D. R. Improving Order-picking Performance Through the Implementation of Class-based Storage [J]. International Journal of Physical Distribution & Materials Management, 2004, 34

(7): 534 -544.

[193] Le Duc T., De Koster R. Travel Distance Estimation and Storage Zone Optimization in a 2 - block Class-based Storage Strategy Warehouse [J]. International Journal of Production Research, 2005, 43 (17): 3561 -3581.

[194] Yin Y. L., Rau H. Dynamic Selection of Sequencing Rules for a Class-based Unit-load Automated Storage and Retrieval System [J]. International Journal of Advanced Manufacturing Technology, 2006, 29 (11 - 12): 1259 -1266.

[195] Rau H., Yin Y. L. Dual Commands Dispatching of a Class-based Unit-load Automated Storage and Retrieval System Using Multi-pass Simulation with Generic Algorithm [J]. International Journal of Advanced Manufacturing Technology, 2007, 33 (5 -6): 530 -539.

[196] Manzini R., Gamberi M., Persona A, et al. Design of a Class Based Picker to Product Order Picking System [J]. International Journal of Advanced Manufacturing Technology, 2007, 32 (7 -8): 811 -821.

[197] Muppani V. R., Adil G. K. A Branch and Bound Algorithm for Class Based Storage Location Assignment [J]. European Journal of Operational Research, 2008, 189 (2): 492 -507.

[198] Ouhoud A, Guezzen A, Sari Z. Comparative Study between Continuous Models and Discrete Models for Single Cycle Time of a Multi-aisles Automated Storage and Retrieval System with Class Based Storage [J]. IFAC - Papersonline, 2016, 49 (12): 1341 -1346.

[199] Manzini R., Accorsi R., Gamberi M. Modeling Class-based Storage Assignment over Life Cycle Picking Patterns [J]. International Journal of Production Economics, 2015 (170): 790 -800.

[200] Chuang Y F, Chia S H, Wong J Y. Enhancing Order-picking Efficiency through Data Mining and Assignment Approaches [J]. WSEAS Transactions on Business & Economics, 2014 (11): 52 -64.

[201] Le Duc T., De Koster R., Yu Y. Optimal Storage Rack Design for a 3 - dimensional Compact AS/RS [J]. International Journal of Production Research, 2008, 46 (6): 1495 -1514.

[202] Yu Y., De Koster R. Optimal Zone Boundaries for Two-class-based Compact Three-dimensional Automated Storage and Retrieval Systems [J]. IIE

Transactions, 2009, 41 (3): 194 -208.

[203] Yu Y, De Koster R. Designing an Optimal Turnover-based Storage Rack for a 3D Compact Automated Storage and Retrieval System [J]. International Journal of Production Research, 2009, 47 (6): 1551 -1571.

[204] Yu Y., De Koster R. Sequencing Heuristics for Storing and Retrieving Unit-loads in 3D Compact Automated Warehousing Systems [J]. IIE Transactions, 2012, 44 (2): 69 -87.

[205] Yu Y., De Koster R. On the Suboptimality of Full Turnover-based Storage [J]. International Journal of Production Research, 2013, 51 (6): 1635 -1647.

[206] Yu Y., De Koster R., Guo X. Class-based Storage with a Finite Number of items: Using More Classes is not Always Better [J]. Production and Operations Management, 2015, 24 (8): 1235 -1247.

[207] Jarvis J. M., Mcdowell E. D. Optimal Product Layout in an Order Picking Warehouse [J]. IIE Transactions, 1991, 23 (1): 93 -102.

[208] Parikh P. J., Meller R. D. Selecting between Batch and Zone Order Picking Strategies in a Distribution Center [J]. Transportation Research Part E: Logistics and Transportation Review, 2008, 44 (5): 696 -719.

[209] Yu M., De Koster R. The Impact of Order Batching and Picking Area Zoning on Order Picking System Performance [J]. European Journal of Operational Research, 2009, 198 (2): 480 -490.

[210] Pan C. H., Shih P. H., Wu M. H., et al. A Storage Assignment Heuristic Method Based on Genetic Algorithm for a Pick-and-pass Warehousing System [J]. Computers & Industrial Engineering, 2015 (81): 1 -13.

[211] Pan C. H., Shih P. H., Wu M. H. Order Batching in a Pick-and-pass Warehousing System with Group Genetic Algorithm [J]. Omega, 2015 (57): 238 -248.

[212] Dijkstra A. S., Roodbergen K. J. Exact Route-length Formulas and a Storage Location Assignment Heuristic for Picker-to-parts Warehouses [J]. Transportation Research Part E: Logistics and Transportation Review, 2017 (102): 38 -59.

[213] Park B. C., Foley R. D., Frazelle E. H. Performance of Miniload Systems with Two-class Storage [J]. European Journal of Operational Research,

2006, 170 (1): 144 - 155.

[214] WU Y. Y. , WU Y. H. Taboo Search Algorithm for item Assignment in Synchronized Zone Automated Order Picking System [J]. Chinese Journal of Mechanical Engineering, 2014, 4 (4): 860 - 866.

[215] Kovács A, Optimizing the Storage Assignment in a Warehouse Served by Milkrun Logistics [J]. International Journal of Production Economics, 2011, 133 (1): 312 - 318.

[216] Heskett J. L. Cube-per-order Index - A Key to Warehouse Stock Location [J]. Transportation and Distribution Management, 1963 (3): 27 - 31.

[217] Heskett J. L. Putting the Cube-per-order Index to Work in Warehouse Layout [J]. Transportation and Distribution Management, 1964, 4 (8): 27 - 31.

[218] Kallina C. , Lynn J. Application of the Cube-per-order Index Rule for Stock Location in a Distribution Warehouse [J]. Interfaces, 1976, 7 (1): 37 - 46.

[219] Kuo R. J. , Kuo P. H. , Chen Y. R. , et al. Application of Metaheuristics-based Clustering Algorithm to item Assignment in a Synchronized Zone Order Picking System [J]. Applied Soft Computing, 2016 (46): 143 - 150.

[220] Zhang G, Nishi T, Turner S, et al. An Integrated Strategy for a Production Planning and Warehouse Layout Problem: Modeling and Solution Approaches [J]. Omega, 2017 (68): 85 - 94.

[221] Hill T, Marquez L, O'Connor M, et al. Artificial Neural Network Models for Forecasting and Decision Making [J]. International Journal of Forecasting, 1994, 10 (1): 5 - 15.

[222] Jiang Z, Lin Z, Davis L S. Class Consistent K - means: Application to Face and Action Recognition [J]. Computer Vision and Image Understanding, 2012, 116 (6): 730 - 741.

[223] Pérez - Garrido A. , Girón - Rodríguez F. , Bueno - Crespo A. , et al. Fuzzy Clustering as Rational Partition Method for QSAR [J]. Chemometrics and Intelligent Laboratory Systems, 2017, 166 (15): 1 - 6.

[224] Lord E. , Willems M. , Lapointe F. J. , et al. Using the Stability of Objects to Determine the Number of Clusters in Datasets [J], 2017 (393): 29 - 46.

[225] Shen Y., Pedrycz W. Collaborative Fuzzy Clustering Algorithm: Some Refinements [J]. International Journal of Approximate Reasoning, 2017 (86): 41 -61.

[226] Brusco M. J. Partitioning Methods for Pruning the Pareto Set with Application to Multiobjective Allocation of a Cross-trained Workforce [J]. Computers & Industrial Engineering, 2017 (111): 29 -38.

[227] Gullo F., Ponti G., Tagarelli A. An Information-theoretic Approach to Hierarchical Clustering of Uncertain Data [J]. Information Sciences, 2017 (402): 199 -215.

[228] Zhuo Z., Zhang X., Niu W., et al. Improving Data Field Hierarchical Clustering Using Barnes - Hut Algorithm [J]. Pattern Recognition Letters, 2016, 80 (1): 113 -120.

[229] Fouedjio F. A Hierarchical Clustering Method for Multivariate Geostatistical Data [J]. Spatial Statistics, Part B, 2017 (18): 333 -351.

[230] Śmieja M., Struski L., Tabor J. Semi-supervised Model-based Clustering with Controlled Clusters Leakage [J]. Expert Systems with Applications, 2017 (85): 146 -157.

[231] Csereklyei Z., Thurner P. W., Langer J. Energy Paths in the European Union: A Model-based Clustering Approach [J]. Energy Economics, 2017 (65): 442 -457.

[232] Chew E. P., Tang L. C. Travel Time Analysis for General item Location Assignment in a Rectangular Warehouse [J]. European Journal of Operational Research, 1999, 112 (3): 582 -597.

[233] Le Duc T., De Koster R. Travel Time Estimation and Order Batching in a 2 - block Warehouse [J]. European Journal of Operational Research, 2007, 176 (1): 374 -388.

[234] Xu X., Liu T., Li K., et al. Evaluating Order Throughput Time with Variable Time Window Batching [J]. International Journal of Production Research, 2014, 52 (8): 2232 -2242.

[235] Chen M. C., Wu H. P. An Association-based Clustering Approach to Order Batching Considering Customer Demand Patterns [J]. Omega, 2005, 33 (4): 333 -343.

[236] Hsieh L. F., Huang Y. C. New Batch Construction Heuristics to

Optimise the Performance of Order Picking Systems [J]. International Journal of Production Economics, 2011, 131 (2): 618 - 630.

[237] Henn S. Algorithms for On-line Order Batching in an Order Picking Warehouse [J]. Computers & Operations Research, 2012, 39 (11): 2549 - 2563.

[238] Liu C. M. Clustering Techniques for Stock Location and Order-picking in a Distribution Center [J]. Computers & Operations Research, 1999, 26 (10 - 11): 989 - 1002.

[239] Liu S., Zhang Z., Tian X. A Typical Process Route Discovery Method Based on Clustering Analysis [J]. The International Journal of Advanced Manufacturing Technology, 2007, 35 (1 - 2): 186 - 194.

[240] Jane C. C., Laih Y. W. A Clustering Algorithm for item Assignment in a Synchronized Zone Order Picking System [J]. European Journal of Operational Research, 2005, 166 (2): 489 - 496.

[241] Hwang H., Kim D. G. Order-batching Heuristics Based on Cluster Analysis in a Low-level Picker-to-part Warehousing System [J]. International Journal of Production Research, 2005, 43 (17): 3657 - 3670.

[242] Chuang Y. F., Lee H. T., Lai Y. C. Item-associated Cluster Assignment Model on Storage Allocation Problems [J]. Computers & Industrial Engineering, 2012, 63 (4): 1171 - 1177.

[243] Chuang Y. F., Lee H. T., Tan S. W. A Robust Heuristic Method on the Clustering-assignment Problem Model [J]. Computers & Industrial Engineering, 2016 (98): 63 - 67.

[244] Azadnia A. H., Taheri S., Ghadimi P., et al. Order Batching in Warehouses by Minimizing Total Tardiness: A Hybrid Approach of Weighted Association Rule Mining and Genetic Algorithms [J]. Scientific World Journal, 2013 (3): 246 - 578.

[245] Henn S., Schmid V. Metaheuristics for Order Batching and Sequencing in Manual Order Picking Systems [J]. Computers and Industrial Engineering, 2013, 66 (2): 338 - 351.

[246] Matthews J., Visagie S. Order Sequencing on a Unidirectional Cyclical Picking Line [J]. European Journal of Operational Research, 2013, 231 (1): 79 - 87.

[247] Han M. H., Mcginnis L. F., Shieh J. S., et al. on Sequencing Retrievals in an Automated Storage/Retrieval System [J]. IIE Transactions, 1987, 19 (1): 56-66.

[248] Litvak N., Adan I. The Travel Time in Carousel Systems under the Nearest item Heuristic [J]. Journal of Applied Probability, 2001, 38 (1): 45-54.

[249] Ascheuer N., Grötschel M., Abdel-Hamid A. A. Order Picking in an Automatic Warehouse: Solving Online Asymmetric Tsps [J]. Mathematical Methods of Operations Research, 1999, 49 (3): 501-515.

[250] Wang J. Y., Yih Y. Using Neural Networks to Select a Control Strategy for Automated Storage and Retrieval Systems (AS/RS) [J]. International Journal of Computer Integrated Manufacturing, 1997, 10 (6): 487-495.

[251] Chetty O. V. K., Reddy M. S. Genetic Algorithms for Studies on AS/RS Integrated with Machines [J]. International Journal of Advanced Manufacturing Technology, 2003, 22 (11-12): 932-940.

[252] Charnes A. Measuring the Efficiency of Decision Making Units [J]. European Journal of Operational Research, 1978, 2 (6): 429-444.

[253] Banker R. D. Estimating Most Productive Scale Size Using Data Envelopment Analysis [J]. European Journal of Operational Research, 1984, 17 (1): 35-44.

[254] Charnes A., Cooper W. W., Lewin A. Y., et al. Data Envelopment Analysis Theory, Methodology and Applications [J]. Journal of the Operational Research Society, 1997, 48 (3): 332-333.

[255] Liu F. H. F., Huang C. C., Yen Y. L. Using DEA to Obtain Efficient Solutions for Multi-objective 0-1 Linear Programs [J]. European Journal of Operational Research, 2000, 126 (1): 51-68.

[256] Hamdan A., Rogers K. J. Evaluating the Efficiency of 3PL Logistics Operations [J]. International Journal of Production Economics, 2008, 113 (1): 235-244.

[257] Kim T. Efficiency of Trucks in Logistics: Technical Efficiency and Scale Efficiency [J]. Asian Journal on Quality, 2010, 11 (1): 89-96.

[258] Min H., Joo S. J. Benchmarking the Operational Efficiency of Third Party Logistics Providers Using Data Envelopment Analysis [J]. Supply

Chain Management, 2006, 11 (3): 259 - 265.

[259] Petersen C. G. , Aase G. A Comparison of Picking, Storage, and Routing Policies in Manual Order Picking [J]. International Journal of Production Economics, 2004, 92 (1): 11 - 19.

[260] RenÉ De Koster, Tho Le - Duc, Kees Jan Roodbergen. Design and Control of Warehouse Order Picking: A Literature Review [J]. European Journal of Operational Research, 2006, 182 (2).

[261] Marc Goesehalekx, Jalal Ashayeri. Classification and Design of Order Picking [J]. Logistics Information Management, 1989, 2 (2): 99 - 106.

[262] Roodbergen K. J. , Vis I. F. A. A Survey of Literature on Automated Storage and Retrieval Systems [J]. European Journal of Operational Research, 2009, 194 (2): 343 - 462.

[263] Pazour J. A. , Meller R. D. An Analytical Model for A - frame System Design [J]. IIE Transactions, 2011, 43 (10): 739 - 752.